GUIDE

DE

L'ÉLEVEUR DE PIGEONS

DE COLOMBIER ET DE VOLIÈRE.

Paris. — Imprimerie de L. MARTINET, rue Mignon, 2.

GUIDE

DE

L'ÉLEVEUR DE PIGEONS

DE COLOMBIER ET DE VOLIÈRE

PAR

MARIOT-DIDIEUX

VÉTÉRINAIRE AU CORPS DE LA GARDE DE PARIS
Membre titulaire
et lauréat de la Société impériale et centrale de médecine vétérinaire;
membre fondateur de celle de la Marne;
lauréat du ministère de la guerre et de la Société impériale et centrale d'agriculture; membre correspondant
des Sociétés vétérinaire et agricole de l'Hérault, du Nord
et du Pas-de-Calais, du Calvados et de la Manche.

PARIS,

LIBRAIRIE CENTRALE D'AGRICULTURE ET DE JARDINAGE,

QUAI DES GRANDS-AUGUSTINS, 41.

— Auguste GOIN, éditeur. —

1854

GUIDE

DE

L'ÉLEVEUR DE PIGEONS

DE COLOMBIER ET DE VOLIÈRE.

DU PIGEON.

De son antiquité.

Les pigeons sont des oiseaux très anciennement connus. La colombe de l'arche de Noé en serait presque une preuve.

La beauté et la variété de leur plumage ; la douceur de leurs mœurs ; leur monogamie ; leur tendresse mutuelle ; les soins de la maternité partagés par le mâle ; cet amour réciproque qui ne diminue pas et ne paraît s'éteindre qu'avec leur vie ; ce veuvage si bien senti et qui entraîne si souvent la mort du survivant ; l'excellence et la variété de leurs produits ; leur extrême fécondité ; leur grande propreté ; la facilité de les soumettre à la domesticité ; leur confiance sans bornes en l'homme, envers la main bienfaisante qui leur donne des soins ou leur procure de la nourriture ; l'amour de la famille et celui de la société : toutes ces qualités réunies ont fait de ces oiseaux de véritables animaux domestiques, susceptibles de vivre en liberté sous la protection de l'homme et de multiplier à l'infini.

Après avoir reconnu chez les pigeons un aussi grand nombre de qualités précieuses, il n'est donc pas étonnant que les hommes aient cherché à se les approprier, pour ainsi dire, pour en constituer, comme le dit par métaphore Olivier de Serres, « *des gardemangers perpétuels, esquels* » *à toutes occurences l'on puise la viande, comme* » *d'une source d'eau vive?* »

Nous ne rechercherons pas quel a été le rôle de ces oiseaux chez les Égyptiens et les anciens peuples de la Grèce. Nous rappellerons seulement que la mythologie les avait consacrés à la plus belle de ses déesses. Ils composaient l'attelage du char de Vénus.

Si l'on juge de la multiplication des pigeons dans l'antiquité par ce qu'en dit Varron, mort vingt-huit ans avant l'ère vulgaire, on est porté à croire qu'elle était ou prohibée ou très restreinte ; car de son temps on vendait la paire de pigeonneaux *deux cents numini*, valeur qui répond dans notre monnaie actuelle à 197 francs 53 centimes.

Columelle rapporte que, dans le premier siècle, cette rareté était encore plus grande, et il le prouve en disant que cette même paire de pigeonneaux se vendait jusqu'à *quatre mille sesterces*, ou, en valeur actuelle, 790 francs 12 centimes.

Par l'immense consommation de cette denrée qui a lieu aujourd'hui à bon prix de vente ordinaire, on peut juger des progrès qu'a faits ce genre d'élève depuis le temps des Romains.

Pendant les premiers siècles de l'ère chrétienne, l'éducation des pigeons a dû prendre une grande extension, parce que tous les volatiles étaient considérés comme aliments maigres. Cette douce erreur, selon madame de Renneville, avait alors pour elle une autorité respectable, celle des livres saints eux-mêmes. La *Genèse*, dans le récit de la création, dit que le cinquième jour, *Dieu commanda aux eaux de produire les poissons et les oiseaux qui volent dans l'air*. Ce texte, mal entendu, paraissait donner une même origine à deux espèces d'animaux d'une nature si différente.

Outre que par cette raison la viande des pigeons a dû être recherchée pendant le moyen âge, et qu'à ce titre seul on a dû en élever des quantités considérables, la féodalité s'en empara, et le *colombier*, comme la garenne, devint un droit réservé aux maîtres du sol et le signe de leur puissance. Les pigeons seigneuriaux eurent l'immense avantage de la liberté et le droit de pillage sur les terres vassales ou roturières. Ce privilége exorbitant se maintint durant plus de dix siècles. Le paysan qui nourrissait ces innocents déprédateurs, était obligé de supporter leurs dégâts, et les tuer pour s'en défendre, c'eût été encourir la peine des galères.

DU COLOMBIER.

Fermeture des colombiers.

La nuit mémorable du 9 août 1789 vit un grand nombre de seigneurs, alors députés à l'Assemblée constituante, se dépouiller volontairement de leurs titres et de leurs droits féodaux. Ces droits, flétris sous le nom d'*abus*, paraissaient tous abolis, quand tout à coup le comte de Virieu monta à la tribune parlementaire et dit « qu'en cherchant, après tant de sa-» crifices, une obole féodale au moins à jeter en » hommage à la nation, il ne trouve plus que le » droit des seigneurs de nourrir leurs pigeons » privilégiés sur les moissons du laboureur. » Comme Catulle, dit-il, « je regrette de n'avoir à » sacrifier qu'un moineau. » Cet hommage, puéril en apparence, sembla une nécessité de circonstance, et le peuple n'en sut point de gré à M. de Virieu. Quoi qu'il en soit, c'est depuis ce jour que les pigeons de colombier perdirent une partie de leur liberté et la faculté de pillage si avantageuse à leur multiplication.

Cette fermeture à certaines époques de l'année

équivalait à une suppression : le pigeon de colombier, accoutumé à la liberté, ne multiplie pas dans sa prison, il s'en dégoûte et l'abandonne. La réclusion ne convient qu'au pigeon de volière.

Le pigeon de colombier est-il aussi nuisible qu'on l'a prétendu?

La solution de cette question est d'une très grande importance. M. Monnot (de l'Aisne) disait tout récemment que la chair du pigeon, l'une des plus savoureuses et des plus saines, est aussi, quoi qu'on en dise, celle qui peut se produire le plus économiquement. Avant le dépeuplement des colombiers elle était si abondante, dit-il, que la paire de pigeonneaux se vendait quelquefois de 30 à 35 centimes : c'était alors le rôti de l'ouvrier, aussi bien à la ville qu'à la campagne, où les agents de l'agriculture (domestiques) en mangeaient une fois la semaine.

Cette question de savoir si le pigeon de colombier a mérité la proscription dont il a été frappé, a été agitée et discutée par des hommes sérieux, dégagés de ce sentiment d'antipathie vulgaire, née de l'obligation pour les prolétaires de nourrir ces animaux au profit des anciens seigneurs. On conçoit, en effet, qu'une obligation forcée, une servitude, devienne nécessairement antipathique, offrirait-elle des avantages réels. Il s'agit donc maintenant de savoir si les pigeons bisets sont plus utiles que nuisibles aux récoltes.

Opinions émises en faveur de la liberté illimitée des pigeons.

Ces opinions sont déjà nombreuses et se sont produites au sein de diverses sociétés agricoles. Elles se renouvellent journellement et semblent pousser la question vers une solution favorable. Les partisans de cette liberté se fondent sur l'expérience qui paraît concluante ; les adversaires se contentent de présenter le pigeon comme un ennemi des récoltes qu'il faut poursuivre à outrance, mais ils ne s'expliquent pas sur la nature du délit qui le fait proscrire.

Examinons les opinions des auteurs favorables à la liberté illimitée des pigeons.

Verardi rapporte à ce sujet qu'au commencement de la révolution, il y eut un *tolle* général contre les pigeons, et chacun, pour masquer ses véritables sentiments, exagérait de son mieux les prétendus dégâts occasionnés par ces animaux. Le but qu'on se proposait en réalité, et celui dont on parlait le moins, était de faire disparaître les signes d'une pesante féodalité; et l'on en voulait plus aux colombiers qu'aux pigeons. Il est reconnu que ces oiseaux ne causent aucun dommage sur les toits où ils se posent, parce qu'ils n'ont ni l'habitude ni la possibilité de gratter, et que leur poids de six à huit onces au plus, n'est pas assez considérable pour occasionner le moindre dérangement. Les pigeons ne sont pas des oiseaux pulvérisateurs, ils ne grattent jamais la terre et ne peuvent, par conséquent, découvrir le grain jeté pour semence. Leur timidité les empêche de suivre le laboureur pendant qu'il sème, et même de se poser dans les champs avant que la herse y ait passé. S'ils y venaient après, loin de faire du mal, ils ne font que du bien en enlevant le grain qui n'est pas enterré et qui végéterait néanmoins assez pour gêner la croissance des bonnes plantes, tandis qu'il n'arriverait jamais à maturité.

En 1824 Verardi entreprit des expériences curieuses sur les pigeons. Dans le courant de l'année, et principalement à l'époque des semailles, il fit l'ouverture de plus de soixante pigeons, qu'il faisait prendre dans son colombier au moment même où ils revenaient des champs. Il n'a jamais trouvé dans leur estomac que des graines parasites, ou, s'il contenait quelques grains des graminées à l'usage de l'homme, ils n'y étaient que pour un huitième au plus, et encore c'était presque en totalité de mauvais grains. Dans deux carrés de son jardin préparés en conséquence, il fit semer une quantité égale de blé non criblé. Il couvrit l'un de ces carrés avec un filet soutenu par des piquets et des perches, et il plaça dessous trois paires de pigeons pendant quatre heures par jour, et jusqu'à ce que le blé eût atteint deux et trois pouces de hauteur. Lors de la récolte, ce carré produisit un cinquième de plus que l'autre, et il y avait un tiers de mauvaises herbes de moins.

Cette expérience est la plus concluante de toutes celles qui ont été produites jusqu'à ce jour dans la question de liberté illimitée des pigeons.

M. Beffroy écrivit un mémoire en faveur des pigeons, il y a environ trente-cinq ans, dans lequel il dit : « Les services que le pigeon rend aux cultivateurs sont tels, que, dans le canton de Dizy (Aisne), partie de la *Thiérache* où l'on a toujours récolté le blé le plus beau, le plus net et le meilleur, on s'est promptement aperçu de la perte des pigeons. Les terres s'y couvraient d'herbes qui étouffaient les récoltes ; la paille y était rare, mince, le grain peu nourri, et il était difficile de le purifier assez pour qu'il pût présenter à l'œil cette netteté qui le faisait rechercher de très loin pour blé de semence. Les prémiers cultivateurs l'avaient remarqué, aussi, en prenant à cens les terres de la main des seigneurs ; une des conditions était que le seigneur du territoire donné en champart *bâtirait un colombier.* » Cette opinion de Beffroy pouvait être très juste à l'égard d'une contrée généralement fraîche et fertile, et si l'on examine les villages qui ont pris leur nom d'un ou de plusieurs colombiers, on remarque qu'ils sont tous placés dans des contrées où les pigeons ont pu rendre de véritables services.

M. Adrien Delatache, propriétaire-agriculteur au Val-Bruant, près Arc-en-Barrois (Haute-Marne), habite une contrée maigre, sèche et peu fertile ; il vient aussi de réclamer en faveur de la liberté des pigeons ; son opinion est également fondée sur l'expérience des autopsies de ces oiseaux vivant en liberté, et dans l'estomac desquels il trouva une grande quantité de graines sauvages.

Le comice agricole de Saint-Quentin (Aisne), contrée fertile qu'avait en vue M. Verardi, dont nous avons rapporté l'opinion, vient tout récemment de soulever cette question et de la discuter. M. Monnot s'exprima ainsi : « La question des colombiers, dans l'économie rurale, a été souvent agitée et controversée chez nous. On a voulu tour à tour conserver ou détruire le pigeon, suivant les avantages ou les préjudices qu'on lui attribuait. Considéré tantôt comme l'auxiliaire du cultivateur, tantôt comme son ennemi, cet oiseau, utile producteur de viande et d'engrais selon les uns, n'était, selon les autres, qu'un voleur éhonté, pillant le bien de son maître et celui de ses voisins. »

M. Monnot ajoute que la majorité des membres de la commission, dont il était le président, avait décidé qu'*il est plus facile de se garantir des dégâts du pigeon qu'il ne l'est de remplacer ses avantages.* « Veillons, dit cette commission, à nos récoltes, à nos semailles, il nous en coûtera quelques frais de garde à la vérité, mais ces frais seront compensés, et bien au delà, par les profits retirés des pigeons, qui nous laisseront assurément un bénéfice. Imitons, dit-elle, nos voisins du département du Nord, ils sont nos maîtres en agriculture comme en industrie, et ils possèdent de riches et nombreux colombiers qui, loin de diminuer leur récolte, en assurent au contraire l'excellence et la continuité. »

A une époque comme celle où nous sommes arrivés, quand les hommes d'intelligence, de progrès et de savoir s'unissent pour rechercher, sur tous les points du globe, les animaux qui peuvent augmenter la richesse alimentaire et industrielle, quand des sociétés d'acclimatement se forment pour l'importation des espèces étrangères, on ne saurait méconnaître l'utilité du pigeon. Nous en avons parlé précédemment au point de vue de l'hygiène publique comme aliment à la portée de toutes les classes de la société, maintenant nous allons en dire deux mots comme producteurs d'engrais et comme sarcleur dans les champs.

L'engrais du pigeon a une très grande valeur, il contient 83 pour 1000 d'azote, tandis que le fumier de ferme n'en contient que 4 pour 1000. 500 kilogrammes de cet engrais équivalent à 10,000 kilogrammes de fumier. Il est, selon M. Payen, plus puissant que le meilleur guano.

C'est le premier et le meilleur de tous les fumiers desquels on puisse faire essai, disait Olivier de Serres.

« Une très petite quantité, judicieusement appliquée sur les jeunes blés, dit Mathieu de Dombasle, produit ordinairement des effets très considérables ; c'est un moyen puissant de rétablir une récolte qui a souffert de l'hiver. »

Quel est le cultivateur, en terre légère surtout, qui, à la suite des intempéries de la saison froide, n'a pas le quart, le tiers quelquefois de sa récolte en blé compromis? Quelle ressource pour lui que d'avoir sous la main le moyen de rétablir instantanément une récolte aussi précieuse que celle du blé!

Comme sarcleur, le pigeon biset est d'une incontestable utilité. Indépendamment des graines parasites de toute espèce dont il purge nos champs et nos fumiers, il ramasse, lorsqu'il en a la liberté, les grains de blé mal recouverts par la herse, qui restent à la surface des champs ensemencés. C'est même un des reproches qu'on lui adresse, et l'un des moins mérités : « On va le voir, dit M. Monnot, en principe, l'on sème non pas plus de grains qu'il n'en faut, mais plus qu'il n'en doit rester en terre pour obtenir une bonne récolte. Pourquoi? Parce que l'action de la herse a ce mauvais côté de n'enfouir dans de bonnes conditions de végétation que la majeure partie du grain semé. Or, qu'arrive-t-il? Le grain qui reste à la surface ne s'enracine pas moins, et si, n'étant pas détruit par la rigueur de l'hiver, il n'est pas retranché au printemps par un sarclage, il gêne, par son rapprochement, le grain bien placé, en empêche le tallage et amène ce résultat, que là où il y avait espoir d'obtenir trente hectolitres de blé, l'on n'en récolte que quinze. » Tel a été le résultat obtenu par M. Monnot; il est conforme à ceux des expériences directes de Verardi, que nous avons rapportées.

Chacun sait de quelle importance est, pour le succès des récoltes, un judicieux espacement des plantes. La liberté du pigeon, en temps de couvraines, assure sans frais la perfection de cet espacement.

Si l'on a adressé au pigeon des reproches que des expériences directes et faites sans prévention n'ont pas justifiés, il en est d'autres qui n'ont pu être niés, parce qu'ils reposent également sur l'observation.

Les pigeons ne s'inquiètent pas des céréales parvenues en maturité, ils préfèrent les graines rondes qu'ils trouvent en abondance à ces époques. Ils se livrent volontiers au pillage des graines de colza, de navette, de vesces et de lentilles, mais seulement quand ces plantes sont mûres et abattues ou sciées. A ce grave inconvénient de la liberté des pigeons, on a à opposer un remède certain et efficace. Ce moyen consiste, comme on le pratique en Belgique et dans plusieurs de nos départements, à mettre en meules ces plantes mûres le lendemain du jour où elles ont été abattues, quelquefois le jour même, lorsqu'elles sont très mûres. Ainsi traitées, elles se trouvent à l'abri des oiseaux nuisibles, à l'abri des intempéries, et les graines acquièrent une qualité supérieure à celle obtenue par la méthode du javelage.

Des colombiers communaux.

La création des colombiers communaux est, nous le croyons, une idée nouvelle, et nous savons d'avance que toute idée nouvelle a besoin de la sanction de l'expérience ; cependant il en peut être de celle-ci comme d'une foule d'autres, il ne s'agit quelquefois que d'émettre une bonne pensée pour qu'elle soit sentie et appréciée. C'est un grain semé au hasard, qui peut être longtemps à germer ; mais qui sait s'il ne rapportera pas un jour des fruits précieux?

Personne n'ignore que dans les campagnes rurales, où les propriétés sont très divisées, les possesseurs du sol sont d'une jalousie excessive les uns à l'égard des autres. C'est là un ver rongeur des classes agricoles. Si le propriétaire isolé osait élever un colombier et le peupler de pigeons destinés à vivre en liberté, ceux-ci, n'eussent-ils que des services à rendre comme *sarcleurs des champs cultivés*, n'en seraient pas moins considérés comme des voleurs et des pillards, et traités comme tels, soit ouvertement, soit en secret. Leur présence susciterait des chicanes, des procès, des animosités de tout genre. Le petit cultivateur surtout, lui si laborieux, si sobre, si économe, mais malheureusement si ignorant, est loin d'être généreux; il ne consentirait pas à donner ni à laisser prendre même ce qui lui est nuisible. L'amour de sa chose, le culte de la propriété est porté chez lui jusqu'au fanatisme. La prospérité du voisin, qu'elle soit due à l'activité et à l'intelligence, est déjà pour lui un motif de profonde rancune; si par son superflu ou même par les choses qui lui sont nuisibles, il contribuait encore à cette prospérité, cette haine sourde ne tarderait pas à se traduire par des actes ostensibles ou secrets que redoute, non sans raison, l'homme de progrès.

Dans l'état actuel des choses, le colombier de propriétaire ne peut donc s'établir avec quelques chances de sécurité et de succès que sur des fermes isolées ou au centre des grandes possessions, comme on le remarque dans les contrées où la propriété n'est pas divisée. Ces établissements auraient encore besoin, pour prospérer, que la loi qui autorise les préfets à faire fermer les colombiers à des époques déterminées, suivant les localités, fût rapportée, et que certaines espèces, qui seules doivent les peupler pour produire des bénéfices, obtinssent une liberté illimitée.

Les pigeons bisets ne s'éloignent que fort rarement au delà du territoire où est situé leur colombier. De ce fait tiré de leur naturel, il résulte que presque tous les propriétaires du département du Nord ont des colombiers qui ne sont jamais fermés, parce que la loi laisse au préfet l'appréciation de l'opportunité de cette fermeture. Il en serait de même pour la plupart des communes dont le territoire est toujours assez vaste pour ne pas exciter les plaintes ou la jalousie des voisins. De plus, les rares empiétements de territoires contigus par les pigeons communaux deviendraient réciproques la plupart du temps. L'intérêt communal étoufferait également les plaintes particulières, car le colombier donne un revenu journalier dont chacun profite.

Un grand nombre de communes n'ont pas de revenus pour subvenir à leurs dépenses; par l'adoption de cette mesure, elles s'en procureraient un qui aurait pour le développement de leur prospérité les plus heureux résultats. L'administration du colombier communal serait confiée à un homme spécialement chargé de la surveillance et de la garde des pigeons, de leur hygiène, de la récolte et de la vente des produits. Une commission municipale serait chargée de la surveillance du *colombin*, de contrôler toutes les parties de son administration. Le percepteur serait chargé de la conservation des fonds.

Au besoin, le colombier pourrait être donné en location, sous des conditions stipulées.

Chaque colombier rapporterait annuellement aux communes, en bénéfice net, la somme de 500 francs.

Utilité économique des colombiers.

Il y a quelques années, M. de Vitry voulut amener l'opinion publique à reconnaître l'utilité économique que la France retirait des pigeons. Il démontra par des calculs très simples et très clairs la perte que nous avons faite par la destruction ou la dépopulation des colombiers, et combien un intérêt vital, la multiplication des substances alimentaires, milite encore puissamment en faveur des pigeons de colombier dont il n'existe plus, dans quelques départements, un seul individu.

Au moment de l'arrêt porté contre les pigeons fuyards, il y avait 42,000 communes en France ; il y avait donc, dit M. de Vitry, 42,000 colombiers.

Il y avait des colombiers où l'on comptait 300 paires de pigeons ; mais pour aller au devant de toute objection, le même auteur n'en compte que 100, et seulement deux pontes par an. La troisième était laissée pour remplacer les vides faits dans les rangs par les événements. Or,

100 paires par colombier donneront un total de 4,200,000 paires; or, chaque paire donnant seulement 4 pigeons par an, il en résulte 16,800,000 pigeonneaux. Chaque pigeonneau pris au nid à l'âge de dix-huit ou vingt jours, plumé et vidé, pèse 4 onces.

Les 42,000 colombiers fournissaient donc 64,800,000 onces d'une nourriture saine, et en général d'un prix assez bas. En divisant 64,800,000 par 16 pour connaître le nombre de livres de viande dont l'arrêt contre les pigeons nous a privés, on trouvera qu'à l'époque de leur proscription, les colombiers entraient pour 4,200,000 livres pesant de viande dans la nourriture de la France, et diminuaient en proportion le prix des autres substances animales. M. de Vitry ajoute qu'il ne fait pas entrer en ligne de compte la grande quantité d'engrais fournie par la fiente du pigeon, engrais presque indispensable à la bonne culture du chanvre.

En proposant donc l'établissement des colombiers communaux, nous invitons les communes à se substituer aux anciens seigneurs pour se procurer tous les avantages que ceux-ci retiraient de l'éducation des pigeons.

Rétablissement des colombiers.

Si les colombiers furent proscrits jadis, c'est parce qu'ils étaient un symbole d'assujettissement et de despotisme ; aujourd'hui que les rancunes sont heureusement effacées, ils ne sont plus que l'emblême de la production. C'est à ce titre que nous allons parler de leur rétablissement selon les règles architecturales et hygiéniques propres à assurer le succès de l'éducation des pigeons.

1° *Avantage du colombier.* — Olivier de Serres dit, avec beaucoup de raison, que celui qui veut toujours avoir de la viande « aussitôt prête que dans un garde-manger, doit voir sa maison accommodée d'un colombier, d'une garenne et d'un étang ; » et il ajoute qu'étant pourvu de ces trois choses, un homme peut noblement nourrir sa famille, et faire faire bonne chère à ses amis sans mettre la main à la bourse. En effet, sans la possession de ces facilités, quelle différence y aurait-il entre les habitations des champs et celles des villes? On ne disconviendra pas que ces produits excellents qu'on a sous la main ne composent pour une grande part le charme et l'intérêt de l'existence rurale.

L'homme aisé, vivant à la campagne, doit

prendre ses aliments chez lui, et c'est ce qui embellit le plus son séjour. Le pigeon est viande, il est gibier ; on en jouit l'été comme l'hiver.

Le pigeon peuple si abondamment qu'outre l'entretien de la maison, on peut lui faire produire un profit journalier. Les marchés de province, et surtout ceux de Paris, sont témoins de l'immense consommation de cette denrée, surtout aux époques où les chasses sont fermées.

2° *Construction d'un colombier.* — Le grand colombier ne s'établit que pour les pigeons bisets; le pigeon mondain est logé dans des volières.

Sans doute, il n'est pas toujours indispensable d'assujettir les constructions aux règles que nous prescrirons. Que ces colombiers soient établis en dehors des habitations ou dans l'intérieur des cours, ou même au centre des villages, qu'ils soient ronds ou carrés, qu'on les construise avec des matériaux de diverse nature, on y élèvera toujours des pigeons, si la race est bonne et bien nourrie. Cependant on doit compter sur une plus grande abondance de produits, si les logements réunissent les conditions que l'expérience pratique a sanctionnées.

3° *Assiette du colombier.* — Le pigeon aime à voir de loin son logement, et, chaque fois que cela est possible, on doit choisir un emplacement où le petit bâtiment puisse être aperçu, soit de la plaine, soit de la vallée, soit des montagnes.

On doit aussi préférer un endroit sec, un peu élevé, en bon air et à l'abri des vents impétueux. Cette construction doit être seule et autant que possible isolée des habitations. Cet éloignement ne doit pas être trop grand; le pigeon biset, quoiqu'aimant la liberté, aime aussi la protection de l'homme et son instinct sait très bien le discerner. La vue des personnes, celle des autres oiseaux domestiques, tout concourt à le rassurer, à lui faire chérir des lieux où il n'a rien à redouter de la part des oiseaux de proie.

Il faut encore choisir l'endroit le moins fréquenté; cet oiseau aime la paix, fuit le bruit et le mouvement.

Comme l'eau lui est nécessaire, si la localité le permet, il faut placer le colombier, non pas tout auprès, mais bien à une certaine distance, environ 200 mètres. L'expérience pratique a démontré que l'eau prise près du colombier par le pigeon pour en abreuver ses petits, n'avait pas le temps d'être échauffée dans son bec, et que cette fraîcheur de l'eau était alors très préjudiciable à leur santé.

Le colombier doit encore être éloigné des bois et même de quelques grands arbres; le pigeon redoute avec raison l'oiseau de proie qui vient s'y cacher dans le but de le surprendre. Si son logement est seul et découvert, il s'y rend sans méfiance.

4° *Matériaux de construction.* — Nous supposons que l'on voudra donner au colombier la forme ronde. On doit en poser les fondements profondément et autant que possible sur la roche. Les assises successives et jusqu'à un mètre hors de terre, doivent être intimement unies avec un mortier de ciment. Le but qu'on se propose est d'en interdire l'accès à divers animaux, notamment aux rats, souris, belettes, etc.

Les matériaux propres à bâtir un colombier peuvent varier suivant le pays ; les uns sont la pierre de taille, le moellon, la tuile, d'autres fois c'est le pisé, c'est-à-dire que dans ce dernier cas la charpente est de bois et ses intervalles sont garnis avec de la terre argileuse pétrie et mélangée de foin et de paille hachés.

5° *Proportions géométriques du colombier.* — La poule aime les poulaillers petits, et le propriétaire trouve son profit à l'y loger. Les pigeons, au contraire, aiment les grands logements, parce que, vivant en ménage, ils ont besoin de trouver dans le colombier une grande masse d'air et de l'espace pour voler, pondre, couver, et élever leurs petits séparément. Quand les mâles sont trop rapprochés les uns des autres, ils se confondent, se battent et leur postérité s'en ressent beaucoup.

La hauteur du colombier doit être de 7 mètres environ, et son diamètre dans œuvre de 5 mètres. Sa couverture doit se terminer en dôme surmonté d'une petite flèche portant un pigeon mobile sur son axe en guise de girouette.

La couverture doit faire saillie en dehors des murs pour l'écoulement convenable des eaux pluviales. Cette saillie doit avoir environ un demi-mètre.

Cette couverture doit avoir peu de pente, pour inviter les pigeons à s'y reposer ; c'est là qu'ils s'orientent, qu'ils aperçoivent de loin l'oiseau de proie ; ils y aspirent le bon air et contemplent à l'aise le lever du soleil ; c'est là aussi qu'ils conduisent leur jeune famille pour lui apprendre à considérer l'espace et l'immensité et à s'escrimer à l'exercice du vol.

Au-dessous de la gouttière, et à 50 centimètres environ, doit régner en dehors un cordon circulaire en saillie d'environ 20 centimètres. Ce cordon devient un lieu de repos pour les pigeons ; ils s'y mettent à l'abri de la pluie et des vents. Les murs doivent avoir 80 centimètres d'épaisseur.

6° *Utilisation de la partie inférieure du colombier.* — Comme la partie inférieure du colombier n'est jamais habitée par les pigeons, on l'approprie à divers usages économiques. Si le petit établissement est éloigné des habitations, on la transforme en fruitier. S'il en est rapproché, on peut y placer le poulailler ; on y loge très commodément les oies et les canards.

7° *Pavage de la partie inférieure.* — Que cette partie du colombier soit destinée à un fruitier ou à un poulailler, le pavé doit être disposé de manière qu'il ne laisse aucun accès aux rats, souris et belettes, fouines, loirs, etc. Le fond doit être un mélange de sable fin, de poussière de charbon et de mâchefer ; le tout doit avoir au moins un mètre d'épaisseur, à moins qu'il ne repose sur la roche. Par suite de cette composition du sous-sol, si les rats parviennent à s'y introduire, les éboulements inévitables de ces terres-meubles les dégoûtent promptement du séjour. On pave par dessus.

8° *Ouvertures du colombier.* — Une porte en plein cintre, à niveau du sol, est pratiquée au midi pour l'entrée du fruitier. Cette porte, solide et bien ajustée, doit avoir dans son milieu une ouverture de 5 à 10 centimètres carrés et pourvue d'un fort grillage de fer. Une petite plaque de bois à coulisse est placée en dehors pour interdire au besoin l'accès de l'air et du froid.

A l'opposé de cette porte et dans l'épaisseur du mur, on doit ménager une ouverture de 25 à 30 centimètres de hauteur et 10 de largeur ; elle doit correspondre avec celle de la porte, pour établir une ventilation nécessaire aux usages de cette partie du colombier. Cette fente ou ouverture peut être pourvue d'un seul barreau de fer placé en dehors, et en dedans d'une toile métallique propre à interdire l'accès même aux mouches, sans empêcher la circulation de l'air. Une petite porte à coulisse doit également être placée en dedans pour remplir le même office que son opposée.

Une deuxième porte est aussi pratiquée au-dessus de la voûte du fruitier, pour donner accès dans l'intérieur du colombier. Cette porte, placée à l'orient d'hiver, doit également être pourvue d'une ouverture grillée à son centre. On y monte par un escalier de pierre ou au moyen d'une échelle.

Une croisée, ou la porte d'entrée des pigeons, est pratiquée au quart supérieur de l'édifice ; elle doit avoir environ un mètre de hauteur et un demi-mètre de largeur. Elle doit être exposée au midi et pourvue d'une plate-forme en saillie au dehors. C'est sur cette plate-forme que, comme le dit *Prudent Choyselat*, « *Les pigeons souhaitent le bonjour au soleil matutinal.* » Cette croisée est pourvue, dans sa partie inférieure, de cinq à six ouvertures cintrées par où sortent les pigeons pour venir sur la plate-forme. Ces ouvertures sont fermées au besoin par une porte à coulisse qui s'ouvre et se ferme au moyen d'une poulie et d'une chaînette de fer descendant jusqu'à terre ou à hauteur d'homme. Cette fenêtre vitrée doit être pourvue d'un double grillage de fil de fer, pour éviter le bris des carreaux, soit du dehors soit du dedans.

La voûte supérieure, ou la toiture, doit être pourvue d'une ventouse à cheminée, mais celle-ci doit être disposée supérieurement de manière à éviter l'eau des pluies. Nous en dirons l'utilité à l'article *Hygiène des colombiers*.

9° *Crépissage des colombiers*. — Le crépissage, tant extérieur qu'intérieur du colombier, est d'une grande importance, ainsi que son blanchiment.

Le crépissage du dehors et celui du dedans s'exécutent de la même manière, avec parties égales d'un mélange de sable et de chaux, mais le blanchiment est très différent.

Blanchiment du dehors. — L'extérieur des colombiers doit être d'une grande blancheur. Cette couleur, chérie des pigeons, influe notablement sur l'affection qu'ils portent à leur logement. Ils l'aperçoivent de très loin, elle devient leur point de mire pour y retourner.

Après le crépissage, il faut autant que possible donner au dehors un blanchiment éclatant et durable. On obtient ce résultat par le procédé suivant :

On prend de la chaux bien blanche ; elle doit être pulvérisée et tamisée comme de la fine fleur de blé. On la délaie avec de l'eau en y ajoutant une certaine quantité de verre blanc pulvérisé très fin ; on y ajoute un peu de bourre dite des tondeurs. On mélange le tout, on bat avec une spatule de manière à en faire un mortier assez ferme pour être posé à la truelle. Au moment de l'application, on y mélange en dernier lieu quelques blancs d'œufs ou un peu de fromage caillé. Ce dernier mortier, posé en couche mince, se durcit promptement, est d'un blanc éclatant et résiste de longues années aux influences atmosphériques.

Blanchiment de l'intérieur. — Nous avons expérimenté un nouveau genre de blanchiment dit *hygiénique*, pour l'intérieur des colombiers, volières, poulaillers, et qui a obtenu tout le succès qu'on était en droit d'en attendre.

Ce blanchiment hygiénique est destiné à éloigner d'une manière infaillible le petit insecte connu sous le nom vulgaire de *pou*, et qui n'est autre que l'insecte que les naturalistes ont désigné sous le nom d'*Acarus necator*. Ces mots se traduisent ainsi : *acare assassin*.

Cette qualification est justifiée. En effet, l'acare assassin, ou le pou de pigeon, est un parasite remarquable par sa petitesse, sa vivacité et sa pullulation. Quand une fois il a envahi le colombier, il s'attache aux pigeons, surtout aux pigeonneaux, et, par ses nombreuses succions, dégoûte ces oiseaux de leur logement, les fait tomber dans le marasme et la mort.

Il n'est pas rare non plus de voir les personnes qui entrent dans les colombiers en sortir couvertes de ces insectes, et leurs piqûres se manifestent, surtout au visage, sous la forme de petits points rougeâtres, miliaires, et simulant une éruption cutanée accompagnée d'une vive démangeaison.

L'*acarus necator* a peut-être été jusqu'alors un des plus grands obstacles à la multiplication prodigieuse des gallinacés des différentes races que nous possédons.

Le blanchiment hygiénique que nous proposons consiste, pour l'intérieur des colombiers, en un lait de chaux ordinaire, mais dans lequel on ajoute par litre d'eau ou de liquide prêt à être posé, de 15 à 20 grammes de poudre dite de *coloquinte*.

Cette poudre s'obtient du fruit de la coloquinte, plante cucurbitacée qu'on peut cultiver dans tous les jardins. Ce fruit, parvenu à maturité, est placé dans un lieu sec, et bientôt l'écorce se durcit, l'intérieur se moisit, et le tout devient assez sec pour être trituré et réduit en poudre dans un mortier couvert. Cette poudre, tamisée et fine, est jetée dans le lait de chaux, on opère le mélange et l'on en blanchit toutes les parties intérieures du colombier.

La poudre de coloquinte est un poison âcre; son extrême amertume se conserve plusieurs années dans le lait de chaux et l'acare en est éloigné par instinct de conservation, ou bien il périt en peu d'instants s'il se réfugie sur le blanc qui en contient.

10° *Ameublement des colombiers.* — Cet ameublement consiste à pourvoir les colombiers de nids en suffisante quantité. Les autres meubles facilitent la récolte des produits et l'assainissement du lieu.

Des cases. — L'aménagement des nids de pigeons réduits en domesticité est de la plus haute importance pour le succès de leur multiplication; ce point a fait le sujet de nombreuses recherches de la part des éducateurs, et l'opinion des auteurs a beaucoup varié sur cette question. Les uns, afin de se rapprocher du type naturel, ont été visiter les fameuses grottes du *Vallon*, en Vivarais, où les pigeons à l'état sauvage se sont si bien multipliés; ils ont rapporté de cette visite l'idée de la nécessité des vastes colombiers pour le maintien de la santé de ces animaux. D'autres ont préconisé le nid simple du pigeon, composé de quelques brindilles, comme celui des tourterelles, avec qui ils ont la plus grande analogie de caractères et de mœurs. Mais ces nids simples n'étaient pas faciles à adapter avec la disposition propre aux colombiers.

D'autres enfin ont admis les cases dans lesquelles les pigeons établissent leurs nids.

Ces cases sont pratiquées dans l'épaisseur intérieure du mur de construction. Le premier rang de cases est placé à 2 mètres au-dessus de la voûte du fruitier ou à la base du logement proprement dit des pigeons; les supérieures sont supportées par les inférieures. Le dernier rang ne doit pas être trop près du toit (environ 1 mètre), à cause du froid et de l'humidité. Ces cases doivent être au nombre de deux cent cinquante à trois cents. Chaque couple de pigeon choisit à son gré celle qui doit être le berceau de sa famille.

Proportions géométriques des cases. — Chaque case doit avoir 25 centimètres de hauteur, 25 de largeur et 35 de profondeur. Quand ces cases sont destinées à former le nid, on doit préférer la brique à la pierre pour leur construction ; le bois est plus chaud, mais il avait l'inconvénient de devenir le séjour des puces et des acares. Nous dirons bientôt le moyen de prévenir cet inconvénient.

Cette petite case étant, d'après notre méthode, destinée à contenir un nid au lieu de le constituer, il devient dès lors à peu près indifférent d'employer telle ou telle matière dans sa construction. Quoi qu'il en soit, il ne sera pas moins indispensable que cette case soit pourvue d'un rebord destiné à percher le mâle pendant la nuit, et les pigeonneaux dès qu'ils sont aptes à quitter le nid.

Au milieu de la face postérieure et au fond de la case doit se trouver fixée au mur, pour y rester à demeure, une cheville de bois plus large qu'épaisse et placée sur plat ; cette cheville, percée de plusieurs trous ronds, est destinée à supporter le nid.

Matière des nids. — La matière qui doit composer le nid a donné lieu également à de nombreuses recherches. On a vanté tour à tour le bois, la pierre, la tuile, la terre, le plâtre. Le bois a été abandonné le premier, comme étant susceptible de devenir le réceptacle d'une foule d'insectes nuisibles ; la pierre a été trouvée constamment trop fraîche ; la tuile a paru réunir le plus grand nombre des conditions favorables. Ce n'est que depuis peu de temps que la terre argileuse, bien pétrie et bien battue, a fini par l'emporter sur toutes les autres substances.

Importance de la forme des nids. — La forme des nids, leurs proportions géométriques, ont la plus grande influence sur le succès de l'élevage des jeunes pigeonneaux. Ce sujet, l'un des plus importants, a été généralement trop négligé. Un nid trop grand ou trop profond est, le plus souvent, un nid mortel, et jamais les pigeonneaux n'y profitent autant et aussi promptement que dans un nid convenablement proportionné.

Si l'on observe attentivement le pigeonneau qui vient de naître, on voit qu'il est doué de l'instinct de relever son derrière par quelques mouvements de recul, s'efforçant par là de déposer ses ordures hors du nid. Cet instinct est d'autant plus utile que le père et la mère n'ont pas celui de les enlever au besoin. On doit comprendre que cet instinct est limité; en effet, on voit le jeune pigeonneau ne reculer que de la distance assignée à ses forces par la nature. Il ne la dépasse jamais. Le nid trop large ou trop profond d'un centimètre deviendra inévitablement un *galetas*, un séjour d'infection pour les petits. Ces excréments s'accumulent, fermentent, dégagent une mauvaise odeur, se collent à quelques parties du duvet, et quelquefois finissent par donner lieu à des irritations locales, à la constipation. On y voit naître diverses espèces d'insectes, et notamment des puces, des acares et des vers longs rougeâtres, de l'espèce des strongles.

La forme des nids la plus avantageuse est donc la forme ronde, imitant une sébile. Leur profondeur ne doit pas dépasser 4 centimètres et être juste assez grands pour contenir deux pigeons l'un auprès de l'autre, pas plus.

Maintenant, que l'on juge combien sont désavantageux ces grands paniers d'osier qu'une foule d'éleveurs donnent à leurs pigeons de volière.

Nids de terre sèche. — Nous avons dit que depuis peu de temps on avait trouvé les nids de terre séchée plus économiques et plus avantageux. Ils sont du reste très faciles à confectionner. On doit employer la terre argileuse la plus pure possible. La terre à foulon est la meilleure ; il faut qu'elle soit bien pétrie et légèrement arrosée avec de l'eau dans laquelle on a fait dissoudre un peu d'alun.

Pour préserver les nids de l'approche des acares et en éloigner divers autres insectes, on mélange à la terre qui les constitue 30 grammes de poudre de coloquinte ; une partie du principe amer de ce fruit se dissout dans la terre, et la poudre qui reste dans le mélange en éloigne les insectes pour nombre d'années.

Pour confectionner ces nids on emploie un moule de bois préparé d'avance et dans les proportions que nous avons indiquées. C'est autour de ce moule plein qu'on forme le nid. Ce nid simple ne serait pas facile à fixer au mur du fond de la case ; pour le faire avec une certaine solidité, il est nécessaire de bâtir à l'avance un petit panier à très claire voie qui se trouve noyé dans la masse terreuse. A ce petit canevas est fixé un anneau de bois souple ou une petite planchette percée, destinée à suspendre le nid dans la case. Ce nid ne doit cependant pas être mobile et susceptible de se reverser sur le côté : des clavettes sont destinées à le fixer solidement contre le mur, et, dans ce but, on a dû préparer, comme nous l'avons dit, au fond de la case, une tige de bois ou de fer percée de trous pour recevoir les clavettes. Quand les cases sont disposées de manière à offrir toutes les conditions propres à la nidification des pigeons, qu'elles soient de bois, de pierre ou de tuile, il est de la plus grande importance hygiénique de blanchir le tout au lait de chaux, comme nous l'avons indiqué à l'article *Blanchiment de l'intérieur des colom-*

biers. On ne doit en excepter que le dedans du nid.

Par la disposition même de ces nids, l'ordure des pigeonneaux tombe nécessairement dans le fond de la case; celle-ci doit être pourvue d'une petite quantité de sable fin ou de balles d'avoine. Après chaque couvée, ces ordures doivent être enlevées avec soin; mais pour faciliter ce nettoyage, le bord antérieur des cases doit être mobile et se retirer à volonté; alors, si l'on a employé le sable, les fientes sont enlevées au moyen d'un peigne ou râteau dont les dents sont proportionnées; si l'on a adopté les balles d'avoine, les ordures s'enlèvent au moyen d'un petit balai.

On a encore employé des nids de terre sèche ayant les mêmes proportions, mais dont la base est plus large. Ils sont confectionnés sans canevas, attendu qu'ils sont destinés à être posés à plat dans l'intérieur de la case, comme on y poserait une sébile de bois ou de terre. Leur poids est suffisant pour les maintenir sans que jamais ils puissent être renversés par les pigeons qui se poseraient sur l'un des bords. Ce mode de disposition est plus simple, mais il est moins avantageux. Ce nid s'enlève après chaque couvée pour faciliter le nettoyage de la case.

11° *Échelle tournante*. — Pour pouvoir visiter les nids du haut en bas du colombier, s'emparer facilement des produits, nettoyer les cases et les nids, il est indispensable que la chambre des pigeons soit pourvue d'une échelle dite *tournante*, pour explorer à volonté toutes les parties intérieures du colombier.

La forme de cette échelle est ronde, et sa construction repose sur la théorie d'une porte qui tourne sur ses gonds, ou plutôt sur celle des grandes portes qui tournent sur pivot. Cette échelle représente donc une porte sous forme d'un carré long composé de quatre pièces de bois principales : le montant destiné à porter le pivot, le montant mobile et les deux traverses, celle du haut et celle du bas.

Le montant fixe, destiné à former pivot, est en effet pourvu d'un pivot de fer qui repose juste au milieu du sol. La partie du haut du même montant se termine en rond et s'adapte dans une *grenouille* de fer fixée au centre supérieur, soit dans une pièce de la charpente de la toiture, soit dans un chevron transversal.

Le montant libre ou tournant, de la même force que le précédent, est percé de trous propres à recevoir des échelons. Ces échelons dirigés vers la droite, sont ainsi disposés pour pouvoir faire tourner l'échelle de gauche à droite. Par cette disposition, le *colombin*, placé sur les échelons, a constamment la face tournée vers les nids, et la main droite toujours libre, ce qui lui permet l'inspection facile et le nettoyage de toutes les parties du colombier. Comme le colombin est obligé de tourner de gauche à droite, il est urgent que les proportions de l'échelle soient calculées de manière que sa largeur lui facilite l'approche des cases.

Pour que l'opérateur puisse tourner à son gré et visiter les parties qu'il désire sans être obligé de descendre pour avancer son échelle, on a imaginé de fixer une corde dans l'intérieur du colombier. Cette corde suit une ligne circulaire autour du mur au moyen de pitons dans les anneaux desquels elle passe; elle doit être ajustée de manière que le pigeon ne puisse se fixer dessus, et que cependant l'opérateur la saisisse facilement avec la main droite. Une corde unique n'est pas toujours suffisante: on peut en placer plusieurs à des hauteurs différentes.

En saisissant cette corde circulaire, le colombin fait tourner son échelle mobile à volonté. Toutefois, en quittant l'échelle, il doit la remettre toujours exactement à la même place. S'il en était autrement, les pigeons qui rentrent au colombier, trompés par ce changement de position, retrouveraient difficilement leur nid.

12° *Auge pour boisson.* — Si le colombier est éloigné d'une eau courante et salubre, on doit le pourvoir d'une auge de pierre recouverte d'une planche percée d'une multitude de trous assez grands pour qu'un pigeon puisse y introduire sa tête et boire à volonté. Cette auge doit reposer sur le sol et être adossée à l'une des parois du mur intérieur. Elle doit aussi être pourvue d'un robinet traversant le mur et communiquant au dehors pour verser l'eau, qui doit être renouvelée souvent, surtout en été. Un chapiteau de bois, en forme de toit, garantira l'auge de la fiente des pigeons. L'eau contenue dans cette auge doit être constamment à un niveau tel que les pigeons puissent l'atteindre.

Les vases réfrigérants, sorte d'*alcarazas*, et qui sont faits de terre cuite, mince, non vernissée, ayant la forme bombée et contenant dix à douze litres d'eau, peuvent tenir lieu d'auge. Ils sont également pourvus de plusieurs ouvertures par lesquelles les pigeons peuvent boire à volonté. Avec ces vases réfrigérants, ces oiseaux ont constamment de l'eau suffisamment fraîche à boire en été.

13° *Pain propre à accoutumer les pigeons à rester au colombier.* — A l'époque d'Olivier de Serres, c'est-à-dire vers la fin du XVIe siècle, il y avait déjà longtemps qu'on avait imaginé le pain dit *de pigeonnier*, propre à accoutumer les jeunes pigeons au nouveau colombier.

Ce pain était composé de terre pétrie et délayée avec une eau de viande réduite en gélatine, presque à l'état de colle forte. On préférait alors la viande de chèvre à cause de son odeur particulière ; on y mêlait du sel, des graines de vesce, de cumin, de chanvre, de blé. Cette terre, durcie et séchée, était disposée en cônes ou en boules et placée en différents lieux du colombier. Il est certain que les pigeons aiment le sel et qu'ils vont très loin pour se procurer cette friandise. Nous avons vu sur d'anciens magasins, dits autrefois les *greniers à sel*, les pigeons venir de loin becqueter les interstices des moellons, dont les mortiers avaient été depuis longtemps imprégnés de sel.

Les pains de pigeonnier où il entre du sel seront toujours un moyen certain d'être agréable aux pigeons, et rien n'est plus propre à les retenir dans le colombier que ce simple artifice.

Parmentier dit avec raison que le sel est regardé comme un des préservatifs des maladies des pigeons ; aussi est-ce plutôt dans cette vue qu'on recommande de leur en donner. Ces oiseaux ont un goût tellement décidé pour cette substance, qu'on les voit faire un trajet de cinq ou six lieues pour s'en procurer des parcelles. Cet auteur recommande la distribution des *pains de pigeonnier* confectionnés d'après la formule suivante :

Prenez, par exemple, 5 kilogrammes de vesce moulue, ou telle autre semence farineuse que vous voudrez ; ajoutez-y 1 kilogramme de semences de cumin ; jetez-les dans un vase quelconque. Ayez de la terre franche bien corroyée et assez molle pour pouvoir être pétrie, et rendue telle par une eau dans laquelle vous aurez fait dissoudre 1 kilogramme de sel de cuisine ; mêlez et pétrissez le tout, de manière que le mélange soit égal et les grains bien séparés. Faites avec cette espèce de pâte des cônes que vous exposerez à l'ardeur du soleil, ou dans un four modérément chaud, jusqu'à ce que l'humidité soit entièrement évaporée; tenez ensuite ces cônes ou pains dans un lieu bien sec. On en place plusieurs dans le colombier et dans la volière, les pigeons viennent les becqueter. On a remarqué que la saison pendant laquelle ils en mangent le plus est l'hiver, pendant les pluies de durée, lorsqu'ils nourrissent leurs petits, et beaucoup plus encore lorsqu'ils sont dans la mue.

14° *Trémie propre à nourrir les pigeons au colombier.* — Pendant le temps qu'on accoutume les jeunes pigeons au colombier, et même durant les époques où ils peuvent être renfermés par ordre, on leur distribue de la nourriture par le moyen des trémies.

A l'aide de cet appareil, on peut ne faire qu'une seule distribution par semaine, en se basant sur le nombre des pigeons.

Ces trémies consistent en des caisses longues, étroites, faites en triangle, et qui reposent sur des tables au moyen de petits pieds dont elles sont pourvues. Par une fente laissée à l'angle inférieur de la caisse, le grain en sort et tombe sur la table à mesure que le pigeon en becquetant lui prépare une issue.

DES RACES DE PIGEONS.

Nous possédons deux races bien distinctes de pigeons. La première est le *pigeon de pignon*, ou *pigeon colombin*, *pigeon de roche*; on le désigne encore sous les noms de *biset* ou de *fuyard*. La seconde est le *pigeon mondain* ou *de volière*, qui a donné naissance à une foule de sous-variétés.

I. Caractères généraux des pigeons. — En ornithologie, les pigeons constituent le sixième ordre, et appartiennent à une famille unique, *Columbœ*.

Ils sont caractérisés par quatre doigts entièrement divisés : trois en avant, un en arrière ; bec renflé et plus ou moins recourbé à l'extrémité, comprimé latéralement, couvert à sa base d'une membrane voûtée sur chacun des côtés ; mandibule supérieure renflée par le bout, crochue chez quelques variétés, seulement inclinée chez quelques autres ; les narines s'ouvrent vers le milieu du bec en forme de renflement membraneux plus ou moins mou et épais. Les jambes sont assez courtes, et presque chez toutes les variétés l'épiderme qui recouvre les pattes est d'un rouge vif et foncé.

II. Caractères particuliers des pigeons de colombier. — On reconnaît les pigeons bisets aux caractères suivants : bec droit, grêle, flexible et renflé ; ailes longues, pointues ; paupières simples, sans filet rougeâtre autour des yeux ; absence d'excroissance charnue désignée sous le nom de *morille* sur le bec ; iris noir, ou œil de vesce.

On en reconnaît trois variétés principales :

1° Le *Biset commun* est de petite taille, d'une couleur cendrée, zébré sur les ailes ; croupion blanc ; cou entouré de vert changeant ; pattes d'un rouge terne ; iris noir ; bec noir ou de couleur plombée ; il est sans fèves ou morilles.

2° Le *Biset volant* ou *messager* est petit, sans tubercules sur les narines ; léger filet rouge autour des yeux ; iris blanchâtre ; pieds nus et plumage varié. Ils sont très féconds et très attachés à leur colombier. C'est la rapidité de leur vol et leur attachement à leur demeure qui ont fait imaginer de les employer comme messagers, courriers de dépêches ou porteurs de billets. Le télégraphe électrique vient de les supplanter dans cet office et d'en diminuer considérablement l'emploi dans une foule de cas.

En Hollande et en Belgique, on s'était occupé par des croisements judicieux d'obtenir des sujets de cette espèce doués d'une grande vitesse et du merveilleux instinct de s'orienter à des distances fort éloignées (plus de 100 kilomètres), et de se rendre en peu d'heures, même de minutes, à leur demeure, porteurs de nouvelles.

Dans nos villes du Nord, à Lille, à Arras, tous les matins des courriers de messageries ouvrent des paniers remplis de pigeons volants ; ceux-ci s'envolent tout de suite à une assez grande hauteur, font plusieurs tours comme pour s'orienter, et enfin presque tous s'élancent vers la Belgique ou la Hollande, où les premiers arrivés gagnent des paris qu'ont faits entre eux leurs possesseurs. On vient de mettre à profit cette rare faculté pour un nouvel emploi qui sera plus utile.

Pigeon volant, courrier médical. — On n'a pas cité le nom du médecin qui a eu tout récemment l'heureuse idée d'employer ce pigeon à un nouveau genre d'utilité. Voici comment :

Un commissionnaire vient en toute hâte chercher le médecin pour aller voir un malade à quelques kilomètres, dans une commune rurale.

Notre docteur emporte un de ses pigeons et fait rester chez lui le commissionnaire jusqu'au retour du petit courrier. Ce voyageur ailé, nanti de l'ordonnance de son maître, reprend aussitôt et sans s'arrêter le chemin de son colombier où il arrive en quelques minutes. On conçoit facilement l'avantage d'un pareil moyen, surtout en cas d'urgence. Le commissionnaire fait exécuter sans retard la prescription chez le pharmacien, emporte avec lui les médicaments ou autres choses utiles pour l'opération ou le traitement, gagnant par ce procédé fort simple un temps souvent très précieux.

3° Le *Biset culbutant* est petit, à l'œil perlé, sablé de rouge et entouré d'un filet rouge assez large ; pieds nus et plumage varié. Ils sont, comme les pigeons volants, très productifs et très féconds. Leur vol est irrégulier, rapide, très haut, et leurs mouvements précipités. En plein vol, ils se mettent à faire cinq ou six culbutes de suite, la tête en arrière ; circonstance d'où leur est venu leur nom.

III. Caractères particuliers des pigeons mondains. — Les pigeons mondains ou de volière, dont on connaît plus de cent variétés, forment une race qui se distingue de celle du biset par des formes plus allongées et plus élégantes, ainsi que par des différences de couleur. Ils sont tous caractérisés par un filet rouge autour des yeux. Dans le nombre de ces variétés ou sous-races, on en compte douze qui offrent entre elles quelques caractères propres à les faire distinguer.

1° Le *gros Mondain* n'est caractérisé que par sa grosseur, sa lourdeur et sa grandeur. Il atteint la taille d'une petite poule. Ils ne sont pas très bons pour la multiplication.

2° Les *Mondains bagadais* sont aussi très gros, avec un tubercule au-dessus du bec, en forme de petite morille, et un ruban rouge très large autour des yeux. Ils sont également mis au nombre des mauvais reproducteurs. Leur bec est courbé et crochu; on en rencontre plusieurs sous-variétés caractérisées par leur plumage, blanc, noir, rouge, brun.

3° Le *Mondain espagnol* est aussi gros qu'une petite poule et est très beau; il n'a point de morille sur le bec, celui-ci est droit au lieu d'être crochu; le ruban rouge de l'œil est moins grand que chez le bagadais, avec lequel il se croise très bien et donne de très gros et très grands métis.

4° Le *Mondain turc* a, comme le bagadais, une grosse excroissance au-dessus du bec, avec un ruban rouge qui s'étend depuis le bec autour des yeux. Ce pigeon est très gros, huppé, bas de cuisses et large de corps. Sa couleur la plus commune est la brune, presque noire; viennent ensuite les gris de fer, de lin, chamois, soupe-au-vin, etc. Lourds, sédentaires, ils ne s'éloignent que très peu de leur volière.

5° Le *Mondain nonnain* est moins grand que le turc, mais il n'a point de huppe. Il y en a de différentes couleurs. Les plus communes sont : le soupe-au-vin, le rouge panaché, le chamois panaché ; les femelles de ces trois sous-variétés ne sont pas panachées. La variété de nonnain, dit *Maurin*, est toute noire avec la tête blanche ainsi que le haut des ailes. Presque tous les nonnains sont coiffés, ou plutôt ils ont sur la tête comme un petit capuchon qui descend le long du cou et s'étend sur la poitrine en forme de cravate, composée de plumes redressées.

Des pigeons pattus. — Ceux-ci se reconnaissent aux plumes plus ou moins épaisses, plus ou moins longues, qui leur couvrent les phalanges jusqu'aux ongles. Ils sont, comme les poules pattues, originaires d'Asie. De mœurs généralement douces, ils sont aussi très friands et ont été employés avec succès à des croisements qui ont produit des sous-variétés très estimées.

6° Le *Mondain pattu*, plus communément désigné sous le nom de *pigeon pattu*, est classé dans les pigeons moyens sous le rapport de la grosseur ; sa couleur varie du noir au fauve. Ce pigeon est très fécond, produit beaucoup, et n'est difficile ni sur le logement ni sur la nourriture. Il s'accommode également bien du colombier et de la simple volière, même d'une boîte. Il est très commun dans le midi de la France.

7° Le *Mondain pattu limousin* est très gros, très long et haut sur jambes. Il se distingue particulièrement par la longueur démesurée des plumes qui lui couvrent les pattes. Il est très fécond et affecte toutes les couleurs. Il a le défaut, non par malice, mais par la disposition et la longueur des plumes de ses pattes, de jeter souvent ses œufs hors de son nid. On est obligé de lui couper assez souvent ces plumes; arrachées, elles repoussent en peu de temps.

8° Le *Mondain pattu tambour* ou *glouglou* a les pieds également couverts de plumes jusque sur les ongles. Il est sans huppe. On l'a désigné sous le nom de *tambour* ou *glouglou*, parce qu'il répète souvent ce son, et que sa voix imite le bruit du tambour entendu de loin. Il produit de huit à dix pontes par an.

9° Le *Mondain pattu huppé* est une des variétés les plus fécondes. Cette fécondation l'a fait surnommer le *pigeon de mois*, parce qu'il produit tous les mois et qu'il n'attend pas que ses petits soient en état de manger seuls pour couver de nouveau. Il ne diffère du précédent que par sa huppe.

10° Le *Mondain pattu crapaud volant* est une variété de métis obtenue par le croisement du pigeon glouglou mâle avec une femelle du pigeon volant. Il a la tête aplatie et carrée, l'iris des yeux noir marqué de filets autour; ses pieds sont abondamment garnis de plumes, et la couleur de son plumage est grise. Ce métis est gros, très fécond, et fort estimé des amateurs.

11° Le *Mondain pattu plongeur* a reçu ce nom de l'habitude qu'il a, lorsqu'il vole, de nager en apparence sur sa gorge. Il est bon voilier et plane assez longtemps dans les airs sans battre des ailes. Il est à peu près de la taille des pigeons volants ou de colombier; ses pieds sont abondamment garnis de plumes, et ses cuisses, qui en sont couvertes, forment ce que les amateurs appellent une *culotte*. Ils sont blanc argenté, gris ou blancs avec des barres noires. On pourrait presque l'appeler le *pigeon zébré*.

Cette variété est intéressante au plus haut point par sa grande fécondité.

12° Le *Mondain pattu frisé* est originaire d'Asie et a les plumes hérissées. Il peut être regardé, à juste titre, comme formant une race particulière, absolument comme notre poule crispée. Ce pigeon est très pattu, tout blanc et frisé sur tout le corps. Cette crispation de ses plumes lui rend le vol très difficile. La femelle est en tout semblable au mâle. Il est dans le nombre de ceux qui atteignent une grosseur moyenne. C'est aussi une race très recommandable par sa grande fécondité.

Mœurs des pigeons.

Ces oiseaux sont monogames, c'est-à-dire qu'une femelle suffit à un mâle. Pendant la saison des amours, et cette saison dure, chez quelques espèces, une grande partie de l'année, ils ne se quittent pas et travaillent en commun à la préparation de leur nid et à l'éducation de leurs petits. Ils les nourrissent dans le nid aussitôt qu'ils sont éclos en leur dégorgeant des aliments qu'ils ont à demi digérés dans leur jabot. Cette mutualité de soins est nécessaire à l'élevage et au bon entretien de la jeune famille.

On a cru pendant longtemps que le pigeon, comme la tourterelle, ne contractait dans sa vie qu'un seul mariage. Ceci se remarque très communément dans une volière, mais la règle n'est cependant pas constante.

Buffon et plusieurs autres naturalistes et amateurs de pigeons ont tracé un tableau charmant des mœurs de ces animaux : « Tous, dit l'illustre écrivain, ont des qualités qui leur sont communes : l'amour de la société, l'attachement à leurs semblables, la douceur de mœurs, la chasteté, c'est-à-dire la fidélité réciproque et l'amour sans partage du mâle et de la femelle ; la propreté, le soin de soi-même, qui suppose l'envie de plaire ; l'art de se donner des grâces, qui le suppose encore plus ; les caresses tendres, les mouvements doux, les baisers timides, qui ne deviennent intimes et pressants qu'au moment de jouir ; ce moment même, qui ramène quelques instants après, par de nouveaux désirs, de nouvelles approches également nuancées, également senties, un feu toujours durable, un goût toujours constant, et, pour plus grand bien encore, la puissance d'y satisfaire sans cesse ; nulle humeur, nul dégoût, nulle querelle ; tout le temps de la vie employé au service de l'amour et aux soins de la famille ; toutes les fonctions pénibles également réparties, le mâle aimant assez pour les partager et même se charger des soins maternels, couvant régulièrement à son tour et les œufs et les petits pour en épargner la peine à sa compagne, pour mettre entre elle et lui cette égalité dont dépend le bonheur de toute union durable. »

Cette belle peinture, due à Buffon, est cependant quelquefois ternie par le caprice des femelles et l'infidélité de quelques mâles. On rencontre chez ces oiseaux des antipathies quelquefois insurmontables, et le divorce devient alors nécessaire.

De la ponte. — Le nombre des pontes des pigeons fuyards ou bisets est de deux et quelquefois de trois par an; chaque ponte est de deux œufs, à un jour d'intervalle. La première ponte a lieu au mois de mars, et la seconde au mois d'août; la troisième, quand il y en a une, se trouve entre ces deux époques. Ce pigeon est, comme on le voit, peu productif, mais, par compensation, il est aussi peu dispendieux, puisqu'il va au loin chercher sa nourriture. Ce défaut, néanmoins, le rend rare, et on lui préfère des espèces plus perfectionnées et plus fécondes. Pour les colombiers, les variétés dites *manottes*, *volants*, *culbutants*, sont préférables. Parmi les races de volière, nous en possédons d'assez fécondes pour en obtenir jusqu'à douze pontes par an. Aussitôt que les œufs sont pondus, la femelle commence l'incubation. Ces deux œufs donnent le plus souvent un mâle et une femelle. Les frères et sœurs se marient entre eux comme les hommes des temps primitifs.

De l'incubation. — L'incubation dure de dix-sept à dix-huit jours en été, et de dix-neuf à vingt en hiver. Nous avons dit que le mâle partageait avec sa femelle ce soin monotone, et quand cette femelle oublie de s'y rendre à son tour dans le temps voulu, le mâle emploie les moyens de contrainte, des coups de bec et d'aile. La femelle couve ordinairement depuis trois heures du soir jusqu'à dix du lendemain matin, après quoi elle sort pour aller se reposer et chercher sa nourriture. Si, de son côté, le mâle ne se rend pas à ses devoirs de bon père, la femelle va le chercher et emploie à son égard les mêmes moyens de coercition. Ce bel exemple d'égalité matrimoniale a été admiré des hommes et n'a peut-être pas peu contribué à propager ce bel oiseau et à donner lieu à des recherches sur les croisements qui nous ont valu ce nombre prodigieux de bonnes et belles variétés.

De l'éclosion. — Le pigeonneau ouvre sa coquille par le gros bout, et cela se conçoit, car c'est dans le gros bout que se trouve la chambre à air qui doit vivifier le petit. Le jeune oiseau ne voit pas clair en naissant, comme le poulet; il est très faible, son corps est recouvert d'un duvet jaunâtre qui se trouve successivement remplacé par des plumes. Lorsqu'ils en sont couverts, ils sortent du nid et viennent sur le bord, mais ils n'osent pas ou ne peuvent pas encore voler. Les père et mère les nourrissent néanmoins, quoique ayant recommencé une autre ponte et se livrant à l'incubation. C'est vers l'âge de vingt-cinq à trente jours que les pigeonneaux sont bons à prendre pour être livrés à la consommation. C'est vers cet âge que les parents, occupés d'une autre progéniture, négligent de leur fournir une suffisante quantité de nourriture ; ils commencent à les chasser pour les contraindre en quelque sorte à chercher les moyens de se pourvoir eux-mêmes.

Nourriture des jeunes pigeonneaux. — La nature indique aux père et mère qui élèvent leurs petits les aliments nécessaires aux différentes époques de leur jeunesse. Cette intuition merveilleuse manquerait parfois son but si, dans dans quelques circonstances, l'homme n'était pas en mesure de suppléer les parents. Ces circonstances peuvent naître de la mort naturelle ou accidentelle de l'un d'eux ; on peut alors avoir à conserver des sujets précieux, soit par leur beauté, soit par leur saveur ; il y a aussi certaines espèces qui ont besoin d'être nourries pour ainsi dire, dès leur naissance, dans les lieux où l'on veut les conserver et les faire produire. Sans cette précaution, ils se façonnent difficilement à leur nouvelle demeure et prennent la fuite à la première occasion.

Quelques heures après la naissance, les parents

dégorgent dans le bec du nourrisson une pâte liquide, chaude, et imprégnée de suc gastrique. Ce bol alimentaire ne peut provenir que des graines dont on les a nourris, mais ces graines se sont ramollies dans leur jabot, et ils ne dégorgent que celles qui sont réduites en un suc liquide. L'homme peut imiter artificiellement ce procédé de la nature et l'employer, comme les père et mère, pendant les huit premiers jours, car, après ce temps, les parents dégorgent la même pâtée, mais déjà mélangée de quelques graines entières. C'est ainsi qu'ils habituent insensiblement l'estomac des jeunes à recevoir une nourriture moins élaborée et plus grossière. Nous avons déjà dit que l'eau froide, celle qui n'a pas eu le temps de s'échauffer dans le jabot du père ou de la mère avant de passer dans celui des petits, leur était souvent funeste. Pour élever des pigeonneaux privés de mère, il faudra donc imiter celle-ci dans ses procédés et ses précautions. Les œufs de pigeon qu'on fait quelquefois couver aux poules naines ne peuvent s'élever qu'avec le secours de l'homme.

C'est le jeune pigeon qui introduit son bec dans la gorge de ses père et mère pour recevoir sa pâtée. Le *colombin* peut employer sa bouche à cet office et imiter parfaitement l'instinct de ces oiseaux. Nous en dirons encore un mot à l'article *Engraissement*.

Soins à donner aux pigeonneaux. — Si pour le succès de l'éducation nous avons prescrit des nids de terre sèche et dans des proportions géométriques telles que le pigeonneau y reste constamment propre, il n'est pas moins vrai qu'en grossissant, les jeunes pigeonneaux sont plus exposés à tomber à terre. C'est ce qui arrive surtout quand ils commencent à voler, car tant qu'ils demeurent dans le nid, les père et mère les défendent contre toute agression.

Pourquoi ces oiseaux, si doux, si tendres en apparence, ont-ils des mœurs si jalouses, et sont-ils assez barbares pour massacrer les pigeonneaux des autres couples si le débile petit vient à se laisser tomber à terre? Ce pourquoi, nous l'ignorons; mais puisque le fait existe, parons-y par des soins et des attentions. L'instinct du jeune pigeonneau lui fait pressentir les dangers dont une chute le menace; aussi a-t-il soin de se blottir dans un coin où il ne tarderait à mourir de faim et de froid sans la vigilance de l'homme.

Pour les nids placés dans les cases, ces inconvénients sont plus rares.

Les jeunes pigeonneaux sont encore assujettis à certaines maladies, souvent contagieuses, dont nous parlerons dans un article spécial; disons toutefois que ce n'est que par des soins qu'on peut arrêter la contagion et guérir ceux qui sont malades.

Le pigeonneau tombé à terre ou dans la case est bientôt transi de froid, et il ne tarderait pas à périr s'il n'était réchauffé avant d'être réintégré dans son nid. On le placera de préférence sur des cendres chaudes en l'enveloppant de couvertures légères.

Pourquoi encore, certains père et mère, par une étrange bizarrerie, abandonnent-ils quelquefois leurs petits, qui périraient de froid et de faim sans le secours de l'homme?

Manière de peupler le colombier.

Quand le colombier est préparé et muni de son ameublement, il faut songer à le peupler de pigeons. Ce peuplement est assujetti à des règles qui en assurent le succès. On y parvient par deux méthodes différentes dont le choix est subordonné aux circonstances dans lesquelles se trouve l'éleveur.

Première méthode. — Elle consiste à placer au colombier de jeunes pigeons nés au printemps et principalement en mars. Ils ne doivent pas encore manger seuls. On les alimente avec des pâtées proportionnées, comme nous l'avons indiqué à l'article *Nourriture des pigeonneaux*. C'est là qu'ils doivent apprendre à manger seuls ; pour les y exciter, on place avec eux quelques poulets déjà gros. C'est là aussi qu'ils s'essaient à voler dans l'intérieur, puis dehors sur le toit du colombier, et enfin dans les environs. Pour les engager à rentrer au logis, il faut avoir soin de leur fournir de la nourriture dans l'intérieur du colombier : ils sont gourmands de chènevis et de sarrasin. On les nourrit de cette manière jusqu'à l'époque où ils font leur première ponte ; et c'est à partir de ce moment seulement que leur ration leur est donnée, moitié dans le colombier et moitié dehors. Aussitôt l'époque de l'incubation, on n'a plus à craindre qu'ils abandonnent leur habitation.

Deuxième méthode. — Elle consiste à placer dans le colombier, au mois de mai, des pigeons nés l'année précédente. On les y tient renfermés jusqu'à ce qu'ils aient des œufs, en les nourrissant de graines dont ils sont friands.

Pour leur ouvrir la porte la première fois, on choisit un temps pluvieux ou au moins nébuleux ; on leur donne moitié de leur ration dans le colombier et moitié dehors.

Insensiblement, on supprime la nourriture de l'intérieur pour les habituer à venir la trouver au dehors. On diminue celle-ci de la même manière pour les obliger à aller plus loin chercher leur pitance.

Choix des races propres à ce peuplement. — Ce choix est d'une grande importance, attendu que si certaines races ne donnent que deux ou trois pontes par an, d'autres en donnent six, d'autres, enfin, de huit à dix, et quelquefois douze.

Ce choix dépend un peu des conditions locales dans lesquelles se trouve l'éleveur et de l'importance qu'il veut donner à ce genre d'élevage.

Le pigeon biset ou fuyard, celui qui ne fait que deux ou trois pontes par an, va très loin chercher sa provende ; il est, pour ainsi dire, moitié sauvage et moitié domestique. Il produit peu, mais en revanche il coûte peu.

Dès les temps anciens on employait une méthode mixte : on peuplait le colombier par moitié fuyards et moitié pattus. Du croisement de ces deux races résulte un métis qui tient le milieu entre les deux. Plus gros et plus fécond que le fuyard, il est moins sédentaire que les pattus.

Ce procédé donne de bons résultats, c'est-à-dire que ces métis font ordinairement six ou sept pontes par an, sans pour cela cesser d'aller assez loin chercher leur subsistance.

Ces métis perdent de leurs qualités après

quelques générations, et la race s'abâtardit si l'on n'a pas soin de recourir de nouveau à la même méthode pour assurer le bon entretien du colombier.

Les éleveurs les plus récents ont constaté les avantages du peuplement des colombiers par des races pures perfectionnées. C'est à l'éducateur à choisir dans le nombre des variétés de mondains celle qui paraît la mieux appropriée à sa localité. Si ceux-ci vont moins loin que les fuyards chercher la nourriture, ils ne laissent pas que de sortir et de parcourir un espace suffisant pour s'en procurer. Leur produit est triple de celui des autres. Au surplus, ils ont encore l'avantage d'être plus sédentaires, et si de par les lois on est obligé de fermer le colombier à certaines époques de l'année, ces races perfectionnées ne se dégoûtent pas aussi vite de leur prison que les bisets, et ne sont pas, comme ces derniers, susceptibles de chercher ailleurs une indépendance funeste aux intérêts de l'éleveur.

Nombre de pigeons nécessaires à ce peuplement. — Ce nombre doit être limité à la grandeur du colombier ou de la volière. Pour un colombier élevé dans les proportions que nous avons indiquées, il est nécessaire d'employer de cinquante à soixante paires de pigeons. On les laisse peupler jusqu'au chiffre d'environ trois cents paires, après quoi on récolte les pigeonneaux. En ce qui concerne les volières, le nombre des couples est limité au gré de l'éleveur. On doit néanmoins récolter les pigeonneaux de septembre, attendu qu'ils ne sont jamais assez forts pour passer l'hiver avec des chances de succès.

Choix des couleurs — Le choix des couleurs, en ce qui constitue le *pennage* des pigeons, n'est pas indifférent. A cet égard, les auteurs anciens et modernes paraissent d'accord. Les couleurs sombres sont préférées, parce que les blanches attirent de loin le regard de l'oiseau de proie. Le pigeon blanc est souvent victime de l'éclat de sa couleur.

Durée de la fécondité. — Les pigeons bisets vivent moins longtemps que les autres et ne produisent bien que pendant quatre ans. Passé cet âge, il y aurait grand avantage à les enlever du colombier, mais ils sont difficiles à reconnaître.

Les vieux pigeons, devenus impuissants par suite de l'âge, deviennent vicieux et méchants; ils battent, tuent même souvent les jeunes; mangent les œufs: ces méfaits sont presque toujours attribués à tort aux rats et aux belettes. Ces non-valeurs doivent peser longtemps sur le colombier, car la durée ordinaire de la vie du biset est d'environ huit ans.

Les pigeons mondains, beaucoup plus féconds, comme nous l'avons dit, offrent encore cette différence que leur fécondité est d'une durée plus longue d'environ deux années.

Moyens de soustraire les vieux pigeons. — Puisque après quatre ans de service comme reproducteurs, les pigeons deviennent plus onéreux que profitables à l'éleveur, il devient très important de les extraire du colombier. On y parvient de deux manières différentes.

1° *Première manière.* — Malgré les ongles un peu plus grands, une teinte d'un rouge moins vif de l'épiderme des pattes, et certains corpuscules farineux qui paraissent à la surface, toujours est-il qu'il devient presque impossible de reconnaître l'âge des pigeons. On a donc dû recourir à des marques particulières.

Une de ces marques le plus anciennement pratiquées consiste à couper avec des ciseaux une portion de l'un des doigts du pied. Ce moyen est sûr; mais pour éviter de marquer chaque année le même pigeon, nous avons vu adopter la méthode suivante.

Première année. On coupe aux mâles et femelles une portion du *doigt externe du pied droit.* Ceux-ci seront réformés après leurs quatre ans révolus. Ils seront reconnus facilement des autres qui porteront des marques différentes.

Deuxième année. Ceux qui naîtront l'année suivante, on leur coupera une portion du *doigt du milieu.*

Troisième année. Ceux de la troisième année, on leur coupera une portion du *doigt interne.*

Quatrième année. On coupera à ceux-ci une portion du *doigt postérieur.*

Cinquième année, réforme des pigeons dans l'ordre de leur marque d'ancienneté, et marque de la même manière à ceux qui ne le sont pas encore en suivant la rotation de marques indiquée, qui ne peut laisser aucun doute sur l'exactitude de l'âge. Au surplus, pour éviter toute erreur, on doit prendre note par année de l'ordre des marques.

Deuxième manière.—Nous savons que nombre de personnes pourront répugner à ce genre de mutilation qui n'a cependant pas d'importance et fait peu souffrir ces oiseaux. Pour remplacer ces marques, on peut adopter quatre séries d'anneaux de cuivre ou de fer portant les numéros 1, 2, 3 et 4. Ces anneaux minces, d'un demi-centimètre de hauteur, sont brisés; ils s'introduisent par écartement dans la patte droite, et leur élasticité est suffisante pour les maintenir en place pendant quatre ans. Ces numéros représentent l'ordre des amputations que nous avons précédemment indiquées.

L'époque de cette opération n'est pas non plus indifférente : au mois d'octobre et même dès celui de septembre, la ponte des plus vieux étant à peu près terminée, on y procède dans une demi-obscurité. Deux hommes entrent dans le colombier avec précaution pour ne pas effaroucher la population, et se saisissent de tous les individus. On distingue à leurs marques ceux qui sont pour la réforme, on enlève leur anneau et on les place dans un panier destiné à les recevoir. Ceux qui sont sans marque étant les plus jeunes, reçoivent l'anneau des anciens et sont également placés à part. Les numéros 2 et 3 sont lâchés au dehors.

Troisième manière. — On a encore employé un autre système : après quatre années de peuplement, on enlève tous les pigeons sans distinction, et on le repeuple comme la première fois. Cette méthode laisse forcément le colombier au moins une année sans donner de bénéfices, et aujourd'hui on préfère à bon droit ceux qui se succèdent le plus rapidement possible. On le repeuple avec les petits provenant des couvées d'août.

Après l'opération des marques, qui est le moyen préférable et le plus généralement adopté, on laisse les pigeons enfermés dans le colombier pendant quelques jours en les alimentant avec les graines dont ils sont friands. Ils oublient vite le bouleversement qu'ils ont eu à subir, et s'accoutument de nouveau à leur logement.

Cette réforme doit se faire de préférence dans la saison des semailles, époque durant laquelle les pigeons sont presque toujours renfermés. Autrefois on la pratiquait pendant les semailles d'automne ; nous pensons qu'elle serait aujourd'hui plus opportune au printemps, et en voici les raisons.

L'élève du pigeon de colombier est une affaire d'agrément, mais aussi de spéculation : il faut donc se placer dans les meilleures conditions. Or, la vente en automne n'est pas aussi avantageuse, parce que la chasse est ouverte à cette époque, et que le gibier, quand il est abondant, fait, par sa concurrence sur le marché, baisser le prix des pigeonneaux. Au printemps, la chasse étant prohibée, l'absence du gibier fait monter et souvent doubler le prix des pigeons.

Consommation des vieux pigeons réformés.— Les pigeonneaux sont faciles à engraisser et à vendre, mais il n'en est pas de même des vieux pigeons, dont la chair est plus coriace et moins savoureuse. On peut cependant en opérer la vente à prix réduit ou les faire consommer à la maison. La meilleure manière de les utiliser est de les mettre dans le pot-au-feu. Ils con–

tiennent une quantité notable d'*osmazôme*, principe nourrissant du bouillon, et leur chair est moins coriace sous cette forme que rôtie.

Nourriture des pigeons.

Les pigeons, en général, ont une prédilection marquée pour les graines rondes. Ils choisissent de préférence celles des crucifères; viennent ensuite dans l'ordre de leurs affections celles des plantes légumineuses, et enfin les céréales.

C'est sur cette étude de leur goût qu'ont été basées les expériences les plus récentes qui constatent que ces oiseaux abandonnés en liberté sont beaucoup moins *dévorateurs des céréales* (si l'on peut s'exprimer ainsi) qu'on ne se l'était imaginé. C'est en se fondant sur ce goût prononcé pour les graines rondes, qu'ils viennent d'être qualifiés à bon droit de *sarcleurs*. En effet, si l'on offre à leur choix, d'un côté du blé pur et de l'autre des criblures provenant de ce même blé, on verra les pigeons se jeter avec avidité sur les criblures, et manger avec soin toutes les graines rondes de préférence au blé. Ils se comportent évidemment de la même manière dans les champs.

Des expériences toutes récentes, dues à

M. Mouriès, et contrôlées par M. Bouchardat, au nom de l'Académie impériale de médecine, expliquent parfaitement cette réserve du pigeon à l'égard du froment pur, et viennent jeter quelque jour sur le régime alimentaire de ces animaux.

Nous extrayons ce qui suit du rapport de M. Bouchardat :

Un pigeon de 500 grammes meurt au bout de huit à dix mois au régime des grains triés, et il avale par les 32 grammes de froment de tous les jours et l'eau ordinaire 0,53 de phosphate de chaux. Ainsi, dans l'état de liberté, le pigeon, par les phosphates alcalins des grains et par les graviers calcaires qu'il ingère, prend un léger excès de phosphate de chaux. Le phosphate de chaux joue donc dans l'alimentation des animaux un rôle plus important qu'on ne le pensait jusqu'à ce jour. Indépendamment de son influence sur la production du système osseux, ce sel agit en entretenant l'irritabilité, sans laquelle il n'y a ni assimilation ni conséquemment nutrition. Aussi son insuffisance très accusée produit-elle la mort avec tous les symptômes de l'inanition, tandis qu'une insuffisance moins marquée fait naître la série des maladies lymphatiques. Pour s'assurer que c'est le défaut de phosphate de chaux qui tue les pigeons, M. Mouriès a fait de nombreuses expériences, dans lesquelles une mort plus prompte est toujours survenue lorsqu'il a donné de l'eau distillée à l'animal, et il a toujours pu les faire revenir à la santé en ajoutant de la craie aux graines vers le trentième ou quarantième jour, alors que la diarrhée commençait à se déclarer. Cette diarrhée, qu'on pourrait appeler diarrhée par insuffisance de principes calcaires, a été confirmée par les expériences de M. Chossat.

Il est certain, d'après M. Bouchardat, que l'absence de chlorures alcalins, et du chlorure de sodium en particulier, dans le blé et dans plusieurs autres semences, contribue au funeste résultat pour une part notable. « J'avais mis, dit le savant auteur, un couple de pigeons confinés à l'alimentation exclusive des graines triées. Pendant deux mois leur santé n'en parut point altérée, et ils élevèrent en santé deux pigeonneaux; mais après ce temps la femelle fut prise de soif et de diarrhée, sa vie était menacée; elle n'avait point pondu de nouveaux œufs. J'eus alors la pensée de leur donner la liberté. Le premier usage que la femelle en fit fut de voler sur une fenêtre imprégnée de chlorures alcalins, où ces pigeons avaient l'habitude de venir becqueter. Cette croisée était séparée en deux par une grille; la partie de la pierre qui avoisinait la grille, et qui était à l'intérieur, étant beaucoup plus chargée de sels, la femelle n'hésita pas à y pénétrer par une étroite ouverture pour y becqueter énergiquement ; elle s'y laissa prendre sans être impressionnée par le danger, tant sa préoccupation, causée par un besoin impérieux, était pressante. Je lui rendis la liberté, elle revint immédiatement à la croisée imprégnée de sels ; ce manége recommença à plusieurs reprises, tant que son appétit aveugle ne fut point satisfait. Sa santé fut immédiatement rétablie ; trois jours après elle pondit. Il me parut évident, d'après cette observation, que le défaut de chlorures alcalins dans les graines était la cause principale des accidents éprouvés par cet animal. »

Il est donc évident que loin de dévorer avec avidité les bonnes graines de froment, le pigeon mis en liberté n'en fera qu'un usage fort restreint, puisqu'elles ne contiennent que des traces insignifiantes des principes calcaires et alcalins indispensables à son alimentation.

Le pigeon biset est un granivore et un insectivore ; à ce double titre, il devient encore moins redoutable aux cultures qu'on ne l'avait cru jusqu'alors.

Les pigeons mondains préfèrent les graines aux insectes ; cependant nous les avons vus manger des larves de mouches, produit des verminières distribuées aux poules. Ils préfèrent ces larves à l'état de chrysalides, et l'on peut, sans inconvénient, les faire entrer dans leurs rations.

On nourrit les pigeons de lentilles, de vesce, d'orge, de seigle, de pois, de féveroles, de maïs, de sarrasin, de chènevis, de millet, de criblures de blé, d'avoine, de pepins de fruits, surtout ceux de raisin. Les grains germés sont préférables aux grains nouveaux. Ces derniers, comme chez presque tous les animaux, donnent lieu chez les pigeons à des irritations intestinales et à la diarrhée. Si l'on était dans l'obligation d'employer des graines trop nouvelles, il serait préférable d'exciter et de favoriser leur germination avant de les distribuer.

Les pepins des fruits à cidre, ceux de groseilles ayant servi à faire des confitures, ceux des raisins dont on a extrait le vin, sont très recherchés de ces oiseaux et peuvent être une ressource aussi économique qu'avantageuse. Les pepins de raisin proviennent des marcs qu'on fait sécher, qu'on bat au fléau et qu'on vanne ensuite.

On nourrit encore les pigeons avec des pommes de terre cuites et écrasées en pâte assez ferme. La betterave cuite peut également entrer dans leur ration.

Le pain de paille de blé, tel que nous l'avons prescrit pour la nourriture des poules, dans notre *Traité de gallinoculture*, peut figurer aussi avec succès dans la composition de leur ration. La viande des animaux morts, cuite, hachée et un peu desséchée, leur est bonne et les nourrit bien.

Les graines d'avoine et d'orge ne conviennent pas aux jeunes pigeonneaux ; leurs pointes dures sont de nature à déchirer la membrane mince et tendre de leur jabot.

Les salades hachées, l'oseille, sont mangées par les pigeons ; mais il faut pour cela qu'ils soient un peu pressés par la faim.

Variations de nourriture. — Dans la distribution des rations, on doit mélanger, autant que possible, différentes graines. L'instinct du pigeon lui fait rechercher celles qui contribuent le mieux à sa santé. Il ne faut pas se le dissimuler, presque tous les animaux sont doués de cette merveilleuse faculté conservatrice qui fait défaut à l'homme et qui constitue leur hygiène. Certains d'entre eux sont même doués de l'instinct de rechercher des remèdes ou des contre-poisons. C'est cette intuition naturelle, portée à un degré quelquefois surprenant, qui a donné naissance au poëme de Racine intitulé *De l'âme des bêtes*.

Heures des repas. — Suivant la position de l'éducateur, les repas des pigeons sont donnés à des heures fixes ou variables.

Certains propriétaires, par un calcul coupable d'avarice, cherchent à connaître l'heure des repas des pigeons de leurs voisins, persuadés que les leurs ne manqueront pas d'aller au pillage et de diminuer ainsi leur charge journalière. En effet, cet oiseau est bientôt au fait de ce qui se passe dans son voisinage. Pour se mettre à l'abri, autant que possible, de ce genre d'exploitation, celui qui a des pigeons susceptibles d'être ainsi visités par des parasites doit varier les heures des distributions et les multiplier.

Ce changement des heures peut donner lieu, il est vrai, à des absences ; mais si un certain nombre de pigeons manquent un repas, ils ne manquent pas à tous.

Il y a économie de temps à ne leur donner à manger qu'une fois par jour, mais cette méthode ne convient pas aux jeunes pigeons. Il vaut mieux distribuer la pitance en deux fois sur une place unie et peu éloignée du colombier. Quand la campagne leur est permise, il faut donner la nourriture avec parcimonie et les obliger par le besoin à se pourvoir au loin ; une alimentation trop abondante les rendrait paresseux.

Cri d'appel. — Si le pigeon s'habitue facilement aux heures de la distribution, il s'accoutume également à s'y rendre au cri d'appel. Ce cri est ordinairement celui de : *Glou ! glou !* fortement accentué et prolongé. Si l'on a adopté les heures fixes et qu'on ait des pigeons voisins à même d'entendre le cri d'appel, on y renonce, ou bien on le change et on le varie.

DES VOLIÈRES.

Si la suppression des droits féodaux a fait diminuer le nombre des colombiers, par compensation le nombre des volières s'est accru dans des proportions telles que, sans aucun doute, le nombre des pigeons livrés à la consommation est aujourd'hui à peu près aussi considérable qu'autrefois.

Nous avons manifesté le désir dans différentes publications de voir s'étendre la statistique de la production animale, aux pigeons, aux lapins, aux volailles, et en général à tous les animaux domestiques ; notre voix n'a pas été entendue, et cependant rien ne serait plus curieux et surtout plus facile. Il ne s'agirait que de faire appel aux instituteurs primaires pour les campagnes et à des commissions par quartiers dans les villes.

Nous ne possédons qu'un petit nombre de volières construites et disposées *ad hoc*. Presque toutes ne sont que des parties de logement transformées et appropriées à ce genre d'élevage. Une foule de greniers sont employés à cet usage :

les pigeons mondains s'en arrangent fort bien.

Proportions géométriques. — Le pigeon est un oiseau qui aime ses aises, et il ne se trouve bien dans la volière qu'autant que chaque couple possède 2 mètres 1/2 carrés. Cette étendue doit se proportionner au nombre des pigeons qu'on veut élever.

Différentes volières. — Les volières sont simples ou compliquées; elles sont libres ou servent de prisons.

1° La *volière libre* est celle d'où les pigeons ont la liberté de sortir à volonté pour parcourir les cours de l'habitation et le voisinage. Suivant les races dont elle est peuplée, ils ne s'en écartent que peu ou point si l'on a soin de fournir la nourriture nécessaire à leurs besoins. L'observation constate que le pigeon qui jouit d'une certaine liberté est toujours un peu moins fécond que celui qui demeure captif.

2° La *volière-prison* est celle d'où les pigeons ne sortent jamais. Ces volières sont très communes dans les grandes villes. La captivité pour les pigeons mondains, surtout chez les grosses espèces, paraît chose assez indifférente. Leur fécondité en est même augmentée, et nous pensons que, comme de la stabulation permanente pour le gros bétail, on est susceptible d'en retirer des bénéfices plus considérables que de les laisser courir en liberté. Le pigeon confiné ne paraît s'occuper que de perpétuer son espèce, et il y a des couples qui font jusqu'à onze et douze pontes par an.

Les pigeonneaux qui naissent sont gros et peuvent être livrés à la consommation dès l'âge de vingt à vingt-cinq jours. Souvent même cette aptitude à la ponte est la cause que les père et mère sont obligés de chasser leurs petits du nid, et de les abandonner avant qu'ils aient l'instinct de se pourvoir eux-mêmes de nourriture. Pour parer à cet inconvénient, on est obligé de les livrer à la consommation ou de subvenir à leurs besoins.

Ameublement des volières. — Le plus ordinairement, les volières n'ont qu'une rangée de cases propres à recevoir les nids; néanmoins elles peuvent en posséder de superposées; dans ce dernier cas, les cases supérieures doivent avoir plus de profondeur que les inférieures, pour que les fientes, en tombant, ne puissent atteindre et salir les cases du bas.

Comme presque toutes les volières ne sont que des chambres ou des greniers transformés, on établit les cases au moyen de planches assez minces, et l'on y place un ou deux nids de terre sèche ou de plâtre. On doit proportionner la grandeur des nids à l'espèce plus ou moins grosse qu'on élève. (Voyez ce que nous avons dit à l'article des *Nids de colombier*.)

Dans une volière bien organisée, chaque case est pourvue d'un châssis garni d'un treillage de fil de fer. Il peut être construit en bois. Ce châssis forme porte pourvue de charnières et d'un crochet. Cette porte est elle-même munie d'une autre petite porte à coulisse qu'on ferme à volonté. Le seuil de cette petite porte est pourvu d'une planchette sur le devant, pour recevoir le pigeon qui rentre dans sa case. Cette disposition a l'avantage d'offrir à chaque couple un chez-soi proprement dit; on peut même les y tenir enfermés pour assurer les accouplements, et de plus on évite ainsi les combats si souvent suscités par la jalousie.

L'échelle tournante y devient inutile, mais une échelle à pied est presque toujours indispensable pour la surveillance des produits et le nettoyage des cases et des nids.

L'intérieur des cases et le parquet de la volière doivent être recouverts de sable fin.

Dans les volières-prisons, il est indispensable de pratiquer une grande cage de treillage de fer, exposée au soleil, où les pigeons puissent de temps en temps aller respirer le grand air et recevoir les influences bienfaisantes de la lumière et de la chaleur. La trémie est ici indispensable ainsi que l'auge à boisson. Souvent cette dernière est remplacée par un ou plusieurs grands pots de terre, dont le couvercle en dôme déborde de 5 à 6 centimètres les flancs du pot dans lesquels sont pratiquées cinq ou six ouvertures pour passer la tête des pigeons qui vont y puiser de l'eau. Ce pot, dont la grandeur peut varier, doit contenir des pierres et du sable de rivière ou de ruisseau. Les pierres neuves, loin d'assainir l'eau, la rendraient mauvaise, lui donneraient une odeur et une saveur désagréables, et pourraient même la rendre nuisible aux jeunes animaux.

Les vases de bois pour contenir la boisson sont préférables à tous autres, mais il faut la renouveler plus souvent, et ne pas l'y déposer trop froide, pour éviter les accidents dont nous avons parlé en traitant de l'aménagement du colombier.

Une ou deux ventouses à cheminée, pratiquées au plafond de la volière, y sont d'une indispensable nécessité. La fiente des pigeons contient beaucoup d'ammoniaque ; les gaz qui s'en dégagent, plus légers que l'air, montent à la partie supérieure de la volière et y trouvent une issue. Ces ventouses doivent pouvoir se fermer à volonté ; il faut également les disposer de manière à éviter l'introduction des animaux étrangers.

Petites volières simples. — Déjà dans quelques localités de la France, et principalement dans le Nord, où l'industrie ménagère progresse tous les jours, on construit de petits colombiers ou simples volières.

Ce petit colombier consiste en un pieu de 4 à 5 mètres de hauteur solidement fixé dans la terre; la partie supérieure du pieu est taillée en pointe et imite un essieu de voiture. Sur cette pointe, on place une vieille roue de voiture, la partie bombée en bas. Un autre pieu de 2 mètres de hauteur est également employé à fixer les deux vieilles roues qui doivent former l'aire et la voûte du colombier. La roue du haut a son côté bombé en haut. Quand ce canevas est ainsi disposé, on garnit de planches le pourtour des jantes des roues déferrées, et le haut est couvert avec de la paille ou des planches. L'aire est garnie de planches sur lesquelles on place de la terre grasse unie, qu'on recouvre à son tour de sable. Ce petit colombier reçoit pour tout ameublement quinze à vingt nids de terre ou de plâtre. On y pratique une simple porte avec une petite croisée, qui n'est autre qu'un carreau de verre fixé. Cette porte est munie elle-même d'une petite porte à coulisse qui ferme au moyen d'une corde à poulie. Le seuil de la petite porte est pourvu d'une planchette assez large pour contenir deux pigeons.

Cette disposition simple d'un petit colombier élevé dans les airs au haut d'une perche est cependant suffisante pour en éloigner les animaux dangereux, et le renard peut encore dire cette fois : *ils sont trop verts....*

On ne peut le visiter qu'au moyen d'une échelle qui, bien entendu, ne reste pas auprès.

Soins des couples.

Dans une volière, les pigeons ne doivent se trouver que par couples unis par les liens du mariage. Le pigeon dépareillé y devient un perturbateur qui sème la discorde ; il ne produit pas et presque toujours il empêche la fécondation de quelques femelles qui pondent des œufs clairs, ce qui leur fait perdre un temps précieux à couver un objet inerte. De plus, souvent les mâles débauchent des femelles, jusqu'alors fidèles, comme on voit celles-ci détourner des mâles pour devenir adultères.

Tout couple dépareillé ou infidèle doit être soustrait de la volière, mis à l'appareilloir ou être sacrifié.

De la stérilité et de l'impuissance. — Dans

tous les genres d'élevage, ce n'est que par des soins bien entendus et des observations judicieuses ayant pour base la physiologie animale, qu'on parvient, non seulement à créer des races ou des sous-races, mais qu'on arrive à multiplier les individus avec succès et profit. Certaines femelles sont stériles, mais plus souvent on observe l'impuissance des mâles. Dans un couple de pigeons, il n'est pas rare de rencontrer la stérilité de la ponte. On doit le sacrifier ou chercher à reconnaître, en changeant les couples, lequel des deux est ou stérile ou impuissant. Ce dernier moyen n'est employé que pour les espèces rares et précieuses.

Engraissement des pigeonneaux.

1° *Considérations physiologiques.* — L'art d'engraisser les animaux pour les livrer avec avantage à la consommation de l'homme, consiste à les nourrir avec des aliments doux, dans le but de déterminer chez eux la prédominance du système lymphatique aux dépens du système sanguin. Le repos, l'obscurité, une température modérée, plutôt humide que sèche, et une nourriture douce et sucrée, sont la base de tout engraissement, depuis l'énorme bœuf jusqu'au chétif ortolan.

Pour les animaux destinés au travail ou à la reproduction, la physiologie animale indique l'usage des aliments toniques et fortifiants; ceux-ci sont destinés à procurer la prédominance sanguine, et celle-ci développe la force, le courage et la fécondité des sujets.

Vis-à-vis de ceux destinés à l'engraissement, on doit agir d'une manière tout opposée, c'est-à-dire disposer par les moyens ci-dessus indiqués l'organisme animal à l'apathie, au sommeil, à l'indolence. On développe par ces procédés une véritable maladie cachectique qui conduirait le sujet à la mort, si l'on persistait dans leur emploi.

2° *Modes d'engraissement.* — Pour les pigeonneaux, c'est vers l'âge de dix-huit à vingt jours, lorsque le dessous de leurs ailes commence à se garnir de plumes, qu'on les retire du nid.

On les pose dans un panier plat, garni de paille fine ou de balles d'avoine; ce panier doit être recouvert d'une toile épaisse pour intercepter la lumière, tout en donnant passage à l'air. On met un plus ou moins grand nombre de pigeons, suivant la grandeur du panier. On dispose celui-ci dans un local à température douce et un peu humide.

Dans les pays où l'on cultive le maïs, on fait tremper les plus petits grains dans l'eau pendant vingt-quatre heures, et on les administre matin et soir en ouvrant le bec du jeune avec précaution. La dose varie suivant la grosseur de l'espèce, depuis cinquante jusqu'à cent grains.

Dans d'autres contrées, on prépare des pâtées avec la farine d'orge ; celle de sarrasin est également employée. Ces pâtées doivent être assez liquides pour être données au moyen d'un entonnoir dont le tuyau est court et terminé en bec de flûte.

3° *Durée de l'engraissement.* — La durée de cette opération varie suivant le degré d'embonpoint que l'on désire obtenir. Ils sont parfaitement gras au bout de cinq ou six jours ; mais si l'on veut des sujets d'une grande finesse de graisse, il faut continuer de dix à quinze jours.

4° *Soins hygiéniques.* — Pour que chaque pigeonneau obtienne sûrement sa ration, il est important d'avoir à sa disposition deux paniers plats, dits d'engraissement. Chaque pigeon qui a reçu sa pâtée est placé dans un autre panier.

Les aliments doivent être tièdes et au besoin salés légèrement. La paille des paniers doit être souvent renouvelée, parce que ceux-ci étant fermés au moyen d'une toile, l'odeur de la fiente s'y concentre et la chair des pigeonneaux serait susceptible de contracter un mauvais goût.

Hygiène des colombiers et des volières.

S'il est un fait aujourd'hui constant et avéré, c'est l'importance des soins hygiéniques pour la réussite dans tous les genres d'élevage. On est forcé d'arriver là, aussi bien pour les animaux qu'en ce qui touche à l'homme. L'hygiène est donc l'art de conserver les espèces domestiques en santé. Cette science admirable est intimement liée à la médecine des animaux, elle en fait partie, ou plutôt elle en est le couronnement. La preuve, c'est que si une épizootie grave sévit sur un colombier, on ne peut pas se contenter de traiter les pigeons malades, parce que cette maladie a des causes, et que ces causes ne peuvent être palliées ou détruites que par le secours de l'hygiène. Par contre, on peut, à son aide, dans une foule de cas, prévenir le développement de ces causes et par suite la maladie elle-même.

L'hygiène puise ses notions dans toutes les sciences physiques et naturelles ; de là la difficulté pour le vulgaire d'en comprendre, d'en apprécier l'importance. Cette ignorance malheureuse entraîne la négligence des soins qui auraient assuré le succès de l'élevage. Le succès seul pourtant saurait donner des bénéfices, et l'on sait que celui-ci est pour l'éducateur le plus assuré des encouragements ; il constitue le progrès.

Dans le cours de ce petit traité, nous avons parlé pour ainsi dire à chaque article des soins exigés, et nous en avons déduit des conséquences basées sur l'expérience et le raisonnement. C'est ainsi que dans la construction d'un colombier, il devient urgent de ne le peupler qu'après un an, pour en laisser échapper l'humidité et les émanations inhérentes à toutes les constructions neuves. De même, les vieux colombiers, ceux qui datent de quelques siècles, et ils sont encore nombreux, ont des murs chargés de salpêtre (nitrate de potasse), et, malgré le goût prononcé des pigeons pour ce sel, malgré les badigeons répétés, le nitre se montre à l'état d'efflorescences blanchâtres qui trahissent l'humidité et la fraîcheur du local.

Nous avons indiqué un *blanchiment hygiénique* pour l'intérieur des colombiers et des volières, et quoique aucun auteur n'en ait encore parlé, on peut le considérer comme avantageux au plus haut point. L'explication que nous avons donnée à ce sujet est suffisante pour en faire comprendre toute l'importance : un fait pratique raisonné doit être saisi de prime abord.

Il en est de même en ce qui regarde les nids,

tant sous le rapport de leurs proportions géométriques que des moyens d'en éloigner les mites.

Nous avons prescrit le sable dans l'intérieur des cases et sur l'aire, tant des colombiers que des volières : ce sable est destiné à recevoir les fientes ou *colombine* des pigeons, et à faciliter leur enlèvement au moyen d'un râteau à dents proportionnées. Ces fientes doivent être extraites toutes les semaines de l'aire du colombier, et plus souvent sur l'aire des volières ; celles des cases, environ tous les mois.

Comme on ne peut trop employer de moyens propres à éloigner des pigeons ce petit insecte désigné sous le nom vulgaire de *pou* (*Acare assassin*), on arrose ce sable avec la dissolution suivante :

Eau.............. 1 litre.
Aloès............. 1 gramme.

Cette dissolution aloétique, par son amertume, en éloigne tous les insectes, et elle est si peu dispendieuse, qu'on peut procéder à cet arrosage de précaution tous les mois d'été.

Ces insectes tourmentent peu les animaux pendant la journée ; ils ont l'instinct particulier aux punaises : durant le jour, ils se retirent dans les fentes du bois, et la nuit ils viennent sucer la lymphe en s'attachant aux parties charnues les plus gorgées de ce liquide réparateur. La dissolution aloétique peut donc être employée avec les plus grands succès au lavage des bois qui entrent dans la confection des cases et autres parties de l'ameublement des colombiers ou volières.

On doit également, et surtout pendant les saisons humides, donner des graines trempées pendant une ou deux heures dans une eau salée. Les pigeons, comme les animaux ruminants, recherchent avec avidité le sel; cet instinct est un indice certain qu'il leur est favorable : il facilite leur digestion, les rend prolifiques, leur donne du ton, les fortifie et les préserve de plusieurs maladies. (Voyez à l'article *Nourriture des pigeons.*)

Ils sont aussi très friands de morue, aussi en suspend-on souvent quelques queues dans le colombier. Il en est de même des autres poissons salés et même des viandes boucanées. Les pains de terre argileuse pétrie avec des graines et du sel remplissent bien le même office.

L'expérience pratique a démontré depuis longtemps que le pigeon se plaisait, multipliait avec succès dans les colombiers ou volières où il trouve du sel à manger.

Les eaux pas trop fraîches, mais salubres, souvent renouvelées et légèrement salées (un gramme par litre), sont également d'une indispensable nécessité.

La nourriture saine, abondante, régulièrement administrée, est sans contredit le point le plus important de leur hygiène ; mais cette nourriture elle-même a besoin d'être variée : on satisfait ainsi les caprices de l'oiseau et les divers besoins de l'économie animale, et cette satisfaction a une très grande influence sur la belle apparence, la gaieté et l'ardeur des couples.

On dit souvent que les pigeons sont de grands consommateurs ; cependant l'expérience démontre que si les herbivores ont besoin d'une ration sèche équivalente au seizième de leur poids (ration non d'engraissement, mais bien celle d'entretien et de développement), les granivores, plus actifs et plus féconds pourtant, se contentent du douzième de leur poids.

Si l'on distribue aux pigeons quelques graines avariées, il est bon de faire séjourner ces graines au moins vingt-quatre heures dans une décoction d'eau salée.

Pendant l'été, au moment des grandes chaleurs, on distribue aux pigeons des herbes hachées pour les rafraîchir ; l'oseille leur plaît alors par son acidité ; elle est, sous ce rapport, bien préférable aux salades.

Pendant l'été, on a soin de placer, dans les volières et les colombiers, des baquets peu profonds, remplis d'eau : les pigeons viennent s'y baigner dans le but de se rafraîchir et de se rapproprier.

De la colombine.

La *colombine*, ou fiente des pigeons, est un engrais des plus précieux. De tous les engrais animaux, c'est celui qui contient la plus grande quantité d'ammoniaque, et l'on sait que l'ammoniaque est le plus rare et le plus utile à la végétation de tous les principes contenus dans un engrais. Le guano, cet engrais si coûteux que les Américains nous apportent du Pérou, n'est autre chose que des fientes d'oiseaux de passage qu'on enlève des sommets ou des pentes de quelques îles inhabitées et qui s'y sont accumulées depuis des siècles. L'éducateur a donc grand intérêt à recueillir avec soin la colombine, soit qu'il l'emploie pour l'usage de ses terres, soit qu'il en opère la vente.

Au moyen de la disposition des aires sablées des colombiers ou des volières, il est facile de la recueillir avec des râteaux à dents convenablement proportionnées. On ne doit pas lui donner le temps de se dessécher ; sèche, elle répand une poussière dangereuse pour l'opérateur : elle peut donner lieu à des ophthalmies graves, et elle perd de sa qualité en laissant s'évaporer le gaz ammoniac qu'elle renferme.

Recueillie avec soin, on doit la placer dans des caisses fermées ou des petites chambres bien closes, où elle ne tarde pas à fermenter et à se transformer en terreau. Son prompt enlèvement a le double avantage d'assainir les logements des pigeons et de donner un engrais qui a conservé ses principes les plus précieux.

Son emploi dans la culture du chanvre double et même triple les récoltes.

La colombine de cent pigeons, recueillie avec soin, employée avec méthode, pour la culture des plantes légumineuses destinées à les nourrir, peut procurer une plus-value de récolte suffisante pour l'alimentation du même nombre de pigeons pendant toute l'année.

Maladies des pigeons.

Les auteurs qui ont traité de l'éducation des pigeons n'ont généralement pas oublié le chapitre des maladies ; mais par malheur la description de chacune d'elles en particulier est presque toujours terminée par le mot *incurable*. Pour être vrai, on doit dire que la pathologie *colombéenne* est fort peu avancée, et que la plupart des vétérinaires ont dédaigné de s'en occuper. Nous n'hésitons pas à dire qu'ils ont eu tort, et nous croyons, pour notre part, avoir rendu sur ce point de nombreux services.

Les maladies épizootiques sévissent quelquefois sur les pigeons de toute une contrée, mais le plus souvent elles règnent enzootiquement dans un colombier ou une volière. Les maladies sporadiques ne sont pas rares, mais elles sont presque toujours traitées empiriquement par les éducateurs, ou bien les animaux, à raison de leur mince valeur, sont abandonnés aux soins et aux efforts de la nature. Les espèces précieuses et recherchées font seules exception à la règle.

Avant d'entrer en matière, nous répéterons avec le célèbre Daubenton : « *Chez tous les animaux, et particulièrement chez les petits, il est plus aisé de les conserver en santé que de les guérir.* » C'est là le but que nous avons poursuivi dans tout le cours de ce petit traité.

1° *De la mue.* — Cette crise périodique, commune à tous les oiseaux, leur est plus ou moins funeste. Chez le pigeon de volière qui ne peut se livrer à toute l'activité à laquelle la nature l'avait destiné, elle est une maladie aussi cruelle que l'est, pour d'autres animaux, la dentition.

La mue des pigeons a le plus souvent lieu depuis la fin de juillet jusqu'à la fin d'octobre.

Cette période embrasse l'étendue de sa durée totale dans une volière peuplée ; mais sur chaque individu pris isolément, elle ne se montre guère plus d'un mois.

C'est pendant ce travail de la nature que le mâle, fatigué, épuisé par ses constantes amours, se contente de donner des semblants de rapprochement conjugal, et que la femelle pond le plus souvent des œufs *clairs*. La femelle reste donc stérile ou indifférente, et cette indifférence est souvent poussée jusqu'au découplement.

La mue est, comme nous l'avons dit, une crise naturelle qui semble destinée à renouveler l'économie, à la rajeunir, pour ainsi dire, afin qu'elle puisse reprendre ensuite une vie plus active et plus féconde. Les plumes nouvelles se mélangent d'un duvet qui doit tenir l'animal plus chaudement pendant l'hiver qui se prépare.

Cette épreuve annuelle se remarque par une certaine difficulté de respirer, la viscosité de la langue qui devient plus terne et jaunâtre. Les plumes se hérissent, tombent successivement, et l'on voit le pigeon, mou, paresseux, la tête enfoncée entre les ailes ou becquetant ses plumes avec énergie, comme s'il éprouvait de la démangeaison.

On conçoit que les pigeons de colombier, nombreux, actifs et choisissant pour ainsi dire leurs aliments, moins perfectionnés, moins domestiques et presque sauvages, se ressentent moins des effets de la mue : aussi se contente-t-on de leur fournir un peu plus de sel pendant cette saison.

Pour les pigeons de volière, ils réclament un peu plus de soin. De l'eau salée pour boisson, comme nous l'avons indiqué à l'article *Hygiène*, des graines non pas plus abondantes, mais plus toniques, plus excitantes et trempées dans de l'eau salée. La vesce, les lentilles, le chènevis, le fenugrec, les graines de lupin, les pâtées un peu salées, mélangées de quelques plantes aromatiques. Pendant la mue, on ouvre le colombier plus tard et on le tient fermé pendant les pluies et les journées froides.

2° *De la diarrhée.* — Cette maladie provient de différentes causes, mais elle se rapporte en général à une irritation des intestins. Il est d'autant plus important d'y remédier, que les aliments consommés traversent alors rapidement le canal digestif, et n'y séjournant pas, sont imparfaitement digérés et ne fournissent que peu de chyle réparateur.

Les causes en sont dues le plus souvent à des aliments avariés, chargés d'une moisissure qui n'est autre qu'un petit champignon du genre *Byssus*, produisant une vive irritation des intestins et pouvant même donner lieu à une sorte d'empoisonnement.

Cette cause est facile à découvrir. On y remédie en donnant de l'orge cuite et des pâtées douces composées de pommes de terre cuites dans lesquelles on mélange des bettes et de l'ansérine.

Les temps humides, les graines germées que les pigeons de colombier rencontrent dans les champs, donnent quelquefois lieu à des diarrhées enzootiques et même épizootiques sur tous les pigeons de la contrée. On devra alors n'ouvrir les colombiers que quelques heures dans la soirée seulement, et donner au logis une nourriture composée de substances fortifiantes, comme les grains de chènevis, de colza, de vesce, et de l'eau salée pour boisson.

3° *De la diarrhée épizootique vermineuse.* — Cette maladie est très commune dans les colombiers et les volières, et si l'on n'y obvie promptement, la mortalité est considérable en peu de temps.

Outre les symptômes diarrhéiques, les animaux deviennent mous, paresseux, d'une maigreur extrême; les plumes sont ternes et hérissées, les ailes traînantes et souillées; les plumes de la queue sont sales et leur extrémité semble échancrée; la rougeur de l'épiderme des pattes est devenue d'une couleur vineuse, et elle se charge de petites squames furfuracées. A l'autopsie des cadavres, on rencontre une vive érosion intestinale. Le jabot, les intestins, les bronches, sont remplis d'une matière muqueuse grisâtre qui recèle des légions de vers du genre *Crinon*. Nous laisserons de côté l'histoire naturelle de ces vers, et nous nous contenterons de rechercher la cause de leur présence, et d'indiquer les moyens de les expulser.

Au nombre des causes prédisposantes de ces affections vermineuses, nous devons placer le défaut de lumière et une atmosphère chaude, humide, où l'air n'est pas suffisamment renouvelé; une nourriture uniforme trop peu excitante, telle que le pain, les pommes de terre cuites et les betteraves. Ces différentes causes produisent chez les sujets la prédominance du tempérament lymphatique. Ce genre de tempérament, naturel ou acquis, rend les oiseaux aptes à être envahis par les helminthes ou vers. Ceux-ci se développent et multiplient avec une étonnante rapidité, toutes les fois que se produit cette sorte de cachexie lymphatique.

Pour le traitement préservatif, nous renvoyons

à l'article *Soins hygiéniques* et *Hygiène des colombiers et des volières.*

Quant au traitement curatif, il est extrêmement difficile de l'employer sur chaque pigeon isolément ; c'est par masse qu'on doit prescrire des aliments qui contiennent des substances vermifuges suffisamment masquées pour que cette nourriture ne doive pas être refusée.

On fait macérer pendant quelques heures des graines de vesce dans une décoction refroidie d'absinthe, et on les donne pour ration unique. Celle-ci n'est pas toujours acceptée de prime abord, mais par suite de l'abstinence, les pigeons se déterminent à en faire usage.

Le moyen qui nous a procuré les résultats les plus positifs et les plus certains a été la distribution des biscuits, dits *absinthés* ou *vermifuges*, qu'on emploie dans les affections vermineuses des enfants. Les pigeons en sont avides ; on les en nourrit pendant deux jours, après quoi on voit la gaieté revenir peu à peu et la mortalité disparaître sensiblement.

4° *Hernie de l'oviducte.*—Tumeur molle qu'on rencontre ou plutôt qui se manifeste à l'abdomen des femelles. Cette tumeur est désignée sous le nom vulgaire d'*avalure.* C'est à tort que quelques auteurs l'ont attribuée à l'ardeur démesurée du mâle ; cette affection est commune à toutes les femelles ovipares, et elle provient de pontes difficiles pendant lesquelles l'œuf déchire l'oviducte à sa terminaison dans le cloaque.

Quoique cette affection soit incurable, il n'est pas moins certain que quelques femelles restent fécondes et pondent comme les autres.

5° *De l'indigestion.* — C'est une affection assez fréquente chez des animaux qui mangent avec avidité des graines sèches susceptibles de se gonfler dans leur jabot par suite de la chaleur humide du milieu dans lequel elles se trouvent alors plongées. L'indigestion se remarque également chez les deux sexes, et les pigeonneaux y succombent dès les huit premiers jours.

Les aliments préparés pour leur être dégorgés sous forme de pâte liquide ne se digèrent qu'avec une extrême difficulté. Les observations physiologiques tendent à démontrer que l'estomac des pigeons sécrète un fluide particulier, presque laiteux, sorte de suc gastrique qui sert à dissoudre les graines et à préparer des aliments appropriés aux organes des jeunes sujets. Ces sécrétions diminuent peu à peu, et les père et mère finissent par leur dégorger des graines simplement humectées et chaudes. Ces dégorgements, comme on voit, ont quelque analogie avec la lactation chez les mammifères.

Dans les cas d'indigestion, les pigeons sont

tristes et abattus, ils demeurent solitaires, et si l'on palpe leur jabot, on y sent un empâtement plus ou moins dur et un peu de refroidissement sur cette partie.

Les boissons salées et 25 à 30 centigrammes d'aloès dissous dans une petite quantité d'eau-de-vie, suffisent presque toujours pour précipiter la digestion et opérer une prompte guérison.

On séquestre les pigeons malades, et pendant quelques jours on leur donne de l'orge cuite et un peu d'eau nitrée.

A la suite des indigestions ayant pour cause le non-dégorgement des aliments préparés pour les jeunes pigeonneaux, il n'est point rare de voir survenir des abcès sur différentes parties du corps, et notamment sous les ailes. La matière purulente, presque séreuse, a beaucoup d'analogie avec le petit-lait. On pratique la ponction de ces abcès et on les lave avec de l'alcool camphré. Cette dernière indigestion est connue sous le nom vulgaire de *ladre*.

6° *Des aphthes.* — Petits ulcères qui affectent l'intérieur du bec et la commissure des lèvres. Ces petits ulcères s'étendent souvent plus profondément sur le canal digestif et la muqueuse trachéale. Cette affection se reconnaît très facilement par la difficulté qu'éprouve l'oiseau à manger et par de petites ulcérations à bords blanchâtres aux commissures du bec. Si l'on ouvre ce dernier, on le trouve garni de mucosités, et les petites ulcères se remarquent principalement autour de l'orifice longitudinal des cavités nasales. La tête est chaude et l'oiseau est triste et abattu.

Il faut s'empresser de séparer les malades, car cette affection est contagieuse. Elle est souvent assez fréquente pendant les grandes chaleurs de l'été. Les causes en sont attribuées à l'usage de l'eau trop chaude ou corrompue et à la contagion.

Le traitement préservatif, qui est toujours le plus important, consiste, pour ceux non affectés, en boissons acidulées par la solution du sulfate de fer (couperose verte) à la dose de 4 grammes par litre. Ces boissons doivent être fraîches et les pigeons mis dans l'obligation de s'en désaltérer. Cette eau jaunâtre colore momentanément les muqueuses du bec et semble agir à la manière du tan. Ce moyen suffit presque toujours pour préserver les pigeons sains.

Le traitement curatif consiste à ouvrir le bec du malade et à lui introduire un petit pinceau chargé d'oxymel simple qu'on prépare pour la circonstance de la manière suivante :

Pr. Miel blanc........ 2 parties.
Vinaigre rouge..... 1 —

On fait bouillir ces deux substances dans un vase de terre vernissée, en ayant soin d'enlever l'écume qui se forme à la surface ; on passe dans un linge, et ensuite on fait évaporer doucement jusqu'à ce que la liqueur ait acquis la consistance de sirop.

L'oxymel s'emploie deux ou trois fois par jour, jusqu'à la guérison, qui arrive souvent dans l'espace de cinq ou six jours.

On donne pour nourriture des pâtées, auxquelles on ajoute de l'oseille cuite et des boissons acidulées au sulfate de fer, comme nous l'avons indiqué au traitement préservatif.

7° *De l'esquinancie.* — Inflammation de la gorge qui attaque le pharynx, le larynx et quelquefois la trachée-artère et les bronches.

L'oiseau ouvre le bec et fait entendre plus ou moins de râle. Cette maladie n'est pas contagieuse et n'affecte les sujets qu'isolément.

Les causes en sont attribuées à la privation de boissons qu'ils prennent ensuite abondamment et trop fraîches en revenant de courses ou ayant trop chaud dans les volières.

On pratique une saignée sous l'aile et l'on donne des pâtées de pommes de terre cuites avec du lait et l'hydromel pour boisson.

8° *De l'apoplexie.* — Épanchement sanguin dans les ventricules du cerveau et quelquefois entre les méninges. Le pigeon qui en est attaqué semble être frappé de la foudre et tombe incontinent à terre. Quand il donne encore quelques signes de vie, on pratique le plus promptement possible une saignée sous l'aile, et même au cou, après avoir arraché quelques plumes. Quelques auteurs prescrivent la saignée à une patte, en amputant l'un des doigts. Ces saignées, généralement peu copieuses, ne donnent pas des résultats assez rapides.

Outre la saignée, on peut faire des ablutions d'eau très froide sur la tête.

Les causes de l'apoplexie sont : une nourriture trop excitante, les grandes chaleurs et l'excès du coït chez les mâles infidèles. Si cette maladie devenait commune, on devrait donner des aliments moins excitants et des boissons acidulées.

9° *De l'épilepsie.* — Cette maladie, assez rare du reste, se manifeste le plus communément sur des sujets envahis par des vers. Les vermifuges procurent quelques guérisons.

10° *Le torticolis.* — Cette affection se manifeste l'été, quand les oiseaux sont frappés subitement par les rayons d'un soleil ardent. C'est une variété d'apoplexie qui ne frappe qu'un côté de la tête. A l'autopsie des sujets morts ou qu'on tue par suite de cette maladie, on rencontre une rougeur très prononcée de la dure-mère qui tapisse un des côtés de la cavité du crâne. Les saignées sous l'aile, la glace pilée en cataplasmes sur la tête, ont amené des succès.

11° *De l'hectisie.* — Affection qui donne lieu à une grande maigreur, à la faiblesse et à la mort des sujets. Les cadavres des pigeons qui succombent à l'hectisie sont dans un tel état de maigreur, qu'ils se conservent fort longtemps. La putréfaction ne s'en empare pas, tant ils paraissent dépouillés des sucs qui distendent les chairs.

Les causes de cette affection tiennent à la malpropreté des colombiers ou volières, où les fientes accumulées dégagent du gaz ammoniac et où pullulent les poux et les puces.

Nous avons dit, à l'article *Soins hygiéniques des colombiers et volières*, les moyens à employer pour en éloigner cet insecte connu sous le nom d'*Acare assassin.*

De la stérilisation des mâles et des femelles.

Personne, que nous sachions, ne s'est occupé de rechercher si la stérilisation des pigeons était praticable, et si cette opération était de nature à offrir des avantages à l'éducateur. Nous pouvons assurer par expérience que l'opération de la stérilisation n'est ni difficile ni dangereuse ; mais nous ne saurions nous prononcer relativement aux avantages qu'elle pourrait offrir. Nos expériences à cet égard ne sont ni assez nombreuses ni assez concluantes. Nous nous contenterons donc de signaler aux éducateurs les moyens de la pratiquer, leur laissant à exploiter un champ peut-être fertile.

1° *Castration des mâles.* — Les testicules des mâles ne sont suffisamment développés que vers l'âge de six à huit mois. Après avoir fait subir à l'animal une diète de vingt-quatre heures (sauf toutefois la boisson), on s'enferme dans un lieu à l'abri des courants d'air. Un aide tient le pigeon couché sur le dos ; l'opérateur arrache avec précaution quelques plumes pour découvrir tout le flanc droit ; après quoi, à l'aide d'un pincement de la peau, on y pratique une incision longitudinale assez grande pour y introduire le doigt indicateur de la main gauche. On cherche avec ce doigt, préalablement trempé dans un peu d'huile, l'un des testicules que l'on rencontre à peu près dans la position qu'occupent les reins chez les mammifères ; on le détache avec l'ongle, et on l'amène près de l'ouverture pour l'extraire. On procède de même pour enlever l'autre testicule.

On réunit ensuite la peau et les muscles au moyen d'un point de suture, et l'on graisse la plaie avec la pommade camphrée.

Le pigeon chaponné de la même manière que le coq, doit rester encore à la diète pendant vingt-quatre heures dans un lieu sec et chaud ; après quoi on le laisse sortir.

2° *Castration des femelles.* — Le mode de stérilisation des femelles ovipares a fait le sujet d'un assez grand nombre de discussions. Des auteurs ont prétendu qu'il ne s'agissait que d'extraire la grappe ovarienne ou de l'écraser. Il ne faut que quelques notions anatomiques pour comprendre que la chose n'est pas possible, et que l'opération serait infailliblement mortelle.

Un auteur récent a proposé une espèce d'infibulation de la capsule de Fabrice située à la partie supérieure du cloaque et qu'on pratiquerait au moyen d'une petite aiguille courbe munie d'un fil ciré, en l'introduisant entre le croupion et l'anus. Cette capsule est le réceptacle où le mâle dépose, dans l'acte du coït, la semence fécondante de l'œuf.

A l'instar de ce que nous avons pratiqué sur les poules, nous enlevons les deux petits corps glanduleux qui sont situés en dehors du corps, sur le croupion et sous la petite éminence charnue désignée sous le nom de *bouton*. L'expérience nous a démontré les relations intimes de ces corps glanduleux avec les autres organes de la génération de ces femelles. Ces corps ont été désignés par les naturalistes sous le nom de glandes *uropigiales*. Ils leur ont assigné pour fonction la propriété de sécréter une huile particulière, que l'oiseau va prendre avec son bec en suçant pour ainsi dire la petite mamelle qui les surmonte, pour s'en servir ensuite à lustrer son plumage. Nous n'avons pu admettre cette explication, malgré l'autorité respectable des auteurs qui ont attribué de semblables usages à ces deux corps glanduleux ; nous les avons considérés comme les ovaires des femelles ovipares, ou tout au moins comme des corps dont l'ablation stérilise les femelles. Cette opération est très simple : on se contente de retirer la peau qui les recouvre, de les disséquer en dessous sur les os du croupion et de les extraire. On graisse la petite plaie avec de la pommade camphrée.

VENTE DES PRODUITS.

Presque toutes les villes offrent un débouché assuré pour la vente des pigeonneaux. Ces volatiles, à cause de la délicatesse de leur chair, sont très recherchés, particulièrement pendant la fermeture de la chasse.

Paris surtout peut en recevoir annuellement plus de vingt millions de têtes, et il est très facile de les expédier pour cette ville, sans que l'expéditeur ait à se déranger, si ce n'est pour les conduire au lieu d'embarquement.

1° *Mode d'emballage*. — Les pigeonneaux de même âge, de même espèce, sont placés vivants dans de grands paniers plats à claire-voie comme les cages. Le fond de ces paniers doit être en tissu plus serré et recevoir un peu de paille. Les pigeonneaux y sont placés les uns près des autres ; le panier est fermé aussi à claire-voie et expédié par chemin de fer.

L'expéditeur doit calculer sa distance pour

que ces produits arrivent la veille au soir ou dès le matin du jour des marchés, qui ont lieu les *lundi*, *mercredi*, *vendredi* et *samedi* de chaque semaine.

2° *Mode d'expédition.* — L'expéditeur doit écrire à l'avance à l'un des facteurs chargés de la vente à la criée et aux enchères publiques que tel jour il expédiera de tel endroit telle quantité de pigeonneaux pour être vendus à tel marché.

Voici les adresses de plusieurs facteurs :

A Monsieur Gasc, — Pons, — Jametel, — Desouches, — Gauthier, — facteur au marché de la Vallée, quai des Augustins, à Paris.

Les paniers expédiés doivent porter l'adresse du facteur à qui l'on écrit et le nom de l'expéditeur.

L'expéditeur peut se rendre compte exactement de ce que telle quantité de pigeonneaux paiera de transport, puisque le tout est compté au poids et à la distance. Il solde d'avance le transport, ou bien le facteur qui est chargé de la vente en effectue le paiement à l'administration des chemins de fer. A l'arrivée à Paris, chaque chemin de fer a des voitures de factage destinées à transporter aux marchés les produits expédiés, et des employés de l'octroi accompagnent ces voitures au marché pour recevoir des mains des facteurs et d'avance les droits d'entrée fixés à 34 centimes par kilogramme de pigeonneaux.

Les facteurs de la Vallée de Paris sont gens honorables, assermentés, et soumis au contrôle d'agents supérieurs. La présence de l'expéditeur est donc inutile, attendu que les produits ne seraient pas mieux vendus. Les facteurs perçoivent pour frais de vente, d'octroi, de déballage et autres, la somme de *dix* francs par *cent*, et le restant de la somme est envoyé à l'expéditeur dans les vingt-quatre heures.

Prix des pigeonneaux à Paris. — La vente des pigeonneaux à Paris donne des prix variables suivant la grosseur des espèces, les époques des ventes et le prix des autres denrées alimentaires. Ils varient entre 5 et 10 francs la douzaine pour les pigeons bisets, et 18 à 24 francs la douzaine pour les pigeons mondains.

Produit annuel d'un colombier.

Nous supposons que des éducateurs particuliers ou des communes fassent construire un colombier dont la dépense de construction et d'ameublement coûterait 1,000 francs; il y aurait à déduire sur les bénéfices qu'il donnera la somme de . . . . 50 fr.

Nous supposons également qu'on le peuple de 200 paires de pigeons qui auront coûté 2 fr. la paire; il y aurait à déduire la somme de 20

Nous supposons encore qu'un homme soit préposé, sous le titre de *colombin*, aux soins du colombier et à la vente des pigeonneaux. Ces soins n'étant pas suffisants pour l'occuper exclusivement, nous ne porterons annuellement pour salaire sur ce chef que. 200

Nous ferons également la dépense de 50 fr. pour frais de nourriture pendant les grands froids de l'hiver 50

Total . . . . . . 320 fr.

Les produits de trois couvées par an donneront 600 paires de pigeonneaux, ce qui, au prix de 1 fr. 20 c. la paire, donnera la somme de . . . . 720 fr.

Le bénéfice net est de. . . . . 400 fr.

La colombine, recueillie comme nous l'avons indiqué, peut être vendue au minimum la somme de 150 francs, somme que nous laissons pour les pertes et les frais imprévus.

Produit annuel d'une volière.

Pour une volière de 100 paires de pigeons, la dépense d'appropriation et d'ameublement ne sera pas moindre que celle du colombier, c'est-à-dire de 1,000 fr., intérêt	50 fr.
Achat des 100 paires ou couples à 4 fr. la paire, intérêt annuel.	20
Nourriture complète pendant toute l'année, à 6 fr. la paire	600
Engraissement de 1,200 paires de pigeonneaux à 6 jours chacun	120
Domestique ou servante pour les soins de la volière et la vente des produits ; nourriture et gages de ladite .	500
Frais imprévus	100
Total des frais	1,390 fr.
Le produit de 12 couvées, ou 1,200 paires de pigeonneaux au prix de 2 fr. la paire.	2,400
(En 1854, la paire de pigeonneaux mondains se vend à Paris 3 fr. 20 c.)	
Colombine vendue ou utilisée . . .	200
(Ce produit est plus considérable que dans les colombiers, à cause de la présence presque continuelle des pigeons dans la volière.)	
Total des produits	2,600 fr.
Le bénéfice net est de	1,210 fr.

FIN.

TABLE DES MATIÈRES.

Paris. — Imprimerie de J.-B. GROS, rue des Fossés, 74.

www.ingramcontent.com/pod-product-compliance
Ingram Content Group UK Ltd.
Pitfield, Milton Keynes, MK11 3LW, UK
UKHW020347230726
13925UKWH00003B/1003

9 782013 685085